Die Verhältnisse

der

Landwirtschaft in Bayern.

Für die Besucher der Wanderausstellung der deutschen Landwirtschaftsgesellschaft im Jahre 1905 zu München.

Bearbeitet von

Friedrich Brettreich,
Kgl. Regierungspräsident.

Druck von R. Oldenbourg in München.
1905.

Vorbemerkung.

Für die Besucher der im Jahre 1905 zu München stattfindenden Wanderausstellung der deutschen Landwirtschaftsgesellschaft wird es von Interesse sein, eine gedrängte Übersicht der Verhältnisse der Landwirtschaft Bayerns zu erhalten, nachdem diese naturgemäß bei der Ausstellung besonders hervortreten wird. Diesem Zwecke soll die vorliegende Arbeit dienen. Dieselbe behandelt in Kürze sowohl die tatsächlichen Verhältnisse der Landwirtschaft als auch die Maßnahmen, welche zu ihrer Förderung in den letzten Jahren von der Kgl. Staatsregierung, den Vertretungskörpern des Landwirtschaftlichen Vereins und von anderen beteiligten Körperschaften durchgeführt wurden.

Besucher der Wanderausstellung, welche sich näher unterrichten wollen, finden Aufschlüsse in den vom Kgl. Staatsministerium des Innern herausgegebenen und im Verlage von R. Oldenbourg in München erschienenen Denkschriften: „Die Landwirtschaft in Bayern", 1890; „Die Maßnahmen auf dem Gebiete der landwirtschaftlichen Verwaltung in Bayern 1890 bis 1897" und „Die Maßnahmen 1897 bis 1903", ferner in verschiedenen in der Ausstellung aufgelegten Sonderabhandlungen.

München, Juni 1905.

Inhaltsverzeichnis.

Seite

I. Land.

A. Geographische Verhältnisse 1
B. Geognostische Verhältnisse 5
C. Wasserwirtschaftliche Verhältnisse 9
D. Klimatische Verhältnisse . 12

II. Bevölkerung.

Landwirtschaftliche Betriebs- und Besitzverhältnisse im allgemeinen 15

III. Der landwirtschaftliche Betrieb.

A. Bodenbenutzung im allgemeinen 22
B. Einrichtungen zur Förderung des landwirtschaftlichen Pflanzenbaues . . 27
C. Die landwirtsch. Bodenbenützung im einzelnen:
1. Getreide 30
2. Hackfrüchte 32
3. Handelsgewächse . . 33
4. Futterbau 35
5. Weinbau 36
6. Obst- und Gartenbau 38
D. Waldwirtschaft 41

Seite

IV. Tierzucht.

A. Pferdezucht 44
B. Rinderzucht 50
1. Höhenschläge . . . 53
2. Tieflandschläge . . . 61
3. Shorthorn 61
C. Kleinviehzucht:
1. Schafzucht 61
2. Schweinezucht . . . 61
3. Ziegenzucht 62
D. Geflügelzucht 63
E. Fischzucht 65
F. Bienenzucht 68
G. Veterinärwesen . . . 69

V. Landwirtschaftliche Industrie und Nebengewerbe.

A. Molkerei 71
B. Branntweinbrennerei . 73
C. Brauerei 74
D. Zuckerindustrie 75
E. Hausindustrie 75

VI. Landwirtschaftliches Versicherungswesen.

A. Brandversicherung . . 77
B. Hagelversicherung . . . 79
C. Viehversicherung . . . 80
D. Pferdeversicherung . . 81

Seite

VII. Kredit- und Genossenschaftswesen.
A. Realkredit 83
B. Personalkredit- und Genossenschaftswesen . . . 86
C. Warenvermittlung . . 89

VIII. Die staatliche landwirtschaftliche Verwaltung.
A. Allgemeines 92
B. Landwirtschaftliches Meliorationswesen:
1. Kulturtechn. Dienst . 93
2. Moorkulturanstalt . 95
3. Wasserbauten . . . 95
4. Flurbereinigung. Abmarkung 96
5. Wasserversorgung . . 98
6. Geognostisch. Landesuntersuchung . . . 99
7. Hydrotechnisches Bureau 99
8. Wetternachrichtendienst 100
C. Landwirtschaftliches Versuchswesen 100

Seite

D. Landwirtschaftliches Unterrichtswesen:
1. Die landwirtschaftl. Abteilung an der Kgl. Technischen Hochschule in München 102
2. Die Kgl. Akademie für Landwirtschaft u. Brauerei in Weihenstephan bei Freising 103
3. Landwirtschaftl. Mittelschulen 104
4. Kreisackerbauschulen . . 104
5. Landwirtschaftl. Winterschulen 105
6. Ländliche Haushaltungsschulen 107
7. Landwirtschaftliche Fortbildungsschulen . . . 107
8. Sonderschulen 107
9. Wanderunterricht . . . 111

IX. Landwirtschaftliches Vereinswesen. Ausstellungen 113

X. Der Aufwand für landwirtschaftliche Zwecke . 118

I. Land.

A. Geographische Verhältnisse.

Das Königreich Bayern hat eine Gesamtfläche von 7587019 ha oder von 75870,19 qkm und zerfällt in Bayern rechts des Rheins mit den 7 Kreisen: Oberbayern (Hauptstadt München), Niederbayern (Landshut), Oberpfalz und Regensburg (Regensburg), Oberfranken (Bayreuth), Mittelfranken (Ansbach), Unterfranken und Aschaffenburg (Würzburg) und Schwaben und Neuburg (Augsburg) und die hiervon durch Teile von Baden und Hessen-Darmstadt getrennte Pfalz mit der Kreishauptstadt Speyer. Größe. Einteilung.

In Bayern befinden sich 44274 Ortschaften, darunter die folgenden Städte mit 20000 Einwohnern und mehr:

München	499932	Hof . . .	32781
Nürnberg	261081	Pirmasens .	30195
Augsburg	89170	Bayreuth .	29387
Würzburg . . .	75499	Erlangen .	22953
Ludwigshafen a. Rh.	61914	Ingolstadt .	22207
Fürth	54822	Aschaffenburg	22184
Kaiserslautern . .	48310	Amberg . .	22039
Regensburg . . .	46215	Landshut .	21737
Bamberg	41823	Speyer . .	20921

In jedem Kreis ist eine Kgl. Regierung mit einem Regierungspräsidenten an der Spitze und mit einer Kammer des Innern, einer Kammer der Finanzen und einer Regierungsforstabteilung. Verwaltung.

Die Kreise zerfallen in 203 Distriktsverwaltungsbezirke. Von diesen werden 161 von Kgl. Bezirksämtern verwaltet; die übrigen 42 sind der Kreisregierung unmittelbar untergeordnete Städte mit Magistraten als Verwaltungskörpern.

Die Vertretung der Kreisgemeinden ist den Landräten und die der Distriktsgemeinden den Distrikträten überwiesen. Die Landräte sind zusammengesetzt aus Vertretern der Distriktsgemeinden und der unmittelbaren Städte, sowie aus Vertretern der Grundbesitzer mit mindestens 25 fl. = 42 M. 85 Pf. Grundsteuersimplum, der Pfarrer und der Universitäten. Die Distriktsräte bestehen aus Vertretern der Gemeinden und des größeren Grundbesitzes, sowie eventuell des Staatsärars. Die Landräte und Distriktsräte treten in der Regel alljährlich einmal zu Tagungen zusammen.

Lage und Gestaltung des Landes.

Bayern rechts des Rheins wird durch Böhmen, Oberösterreich, Salzburg, Tirol, Vorarlberg, Württemberg, Baden, Hessen-Darmstadt, Preußen, die sächsischen Herzogtümer und Sachsen begrenzt und dehnt sich zwischen dem Nordfuße der Alpen bis zu den Ausläufern des Thüringer Waldes (47° 16' bis 50° 34' n. Br.) und zwischen dem Bayerischen und Böhmerwalde sowie dem Fichtelgebirge bis zur oberen Donau und dem unteren Main (9° 01' bis 13° 50' ö. L. von Greenwich) aus.

Bayern rechts des Rheins wird durch die Donau in zwei Teile (Süd- und Nordbayern) getrennt, die in bezug auf Bodengestalt äußerst verschieden sind.

Südbayern zerfällt wieder in das Alpengebiet und in die Hochebene. Das Alpengebiet ist von den Ausläufern der nördlichen Kalkalpen bedeckt, welche durch die Quereinschnitte des Lech und des Inn in die Allgäuer, Bayerischen und Berchtesgadener Alpen geschieden werden.

Die Allgäuer Alpen umgrenzen die obere Iller mit ihren Zuflüssen. Von den dortigen Spitzen sind zu nennen: Mädelegabel mit 2645 m, Hochvogel mit 2593 m, Stuiben mit 1750 m, Grünten mit 1738 m u. a. In den Allgäuer Alpen sind ausgezeichnete Wiesen und Weiden, welche eine hochentwickelte Viehzucht und Milchwirtschaft (Hartkäserei) ermöglichen.

Zu den Bayerischen Alpen im engeren Sinne gehören das Ampergebirge zwischen dem Lech und der Loisach mit der Kreuzspitze (2185 m), dem Säuling (2038 m) und dem Kramer (1982 m); das Wettersteingebirge zwischen der Loisach und dem Inn mit dem höchsten Berge Deutschlands, Zugspitz (2963 m), dann mit den noch hervorzuhebenden Bergen Hochwanner (2746 m) und Dreithorspitz (2633 m); das Esterngebirge mit dem Krottenkopf (2085 m), dem Heimgarten (1790 m) und dem Herzogstand (1731 m); nordöstlich der Loisach gegen den Walchensee und nordöstlich von diesem die Benediktenwand (1801 m). Südöstlich der Isar an der Landesgrenze ist das wilde Karwendelgebirge mit der westlichen und östlichen Karwendelspitze (2374, 2538 m) und das Isarwinkelgebirge mit dem Scharfreiter (2100 m). Weiter nordöstlich liegen dann zwischen Isar und Inn das Mangfallgebirge mit Risser-Kogel (1826 m) u. a. und das Leizachgebirge mit Wendelstein (1838 m) und Rotwand (1890 m). Die bayerischen Alpen haben als besondere Zierde zahlreiche Seen, wie der Alp- und Schwansee bei Hohenschwangau mit den herrlichen Kgl. Schlössern, der Eibsee, Staffelsee, Kochelsee, Walchensee, Tegernsee und Schliersee. Ein reger Verkehr durchzieht die Täler.

Die Berchtesgadener Alpen breiten sich zwischen dem Inn und der Salzach aus. Zu denselben gehören das Priengebirge mit der Kampenwand (1670 m), das Traungebirge mit dem Sonntagshorn (1962 m), dem Hochgern (1745 m), dem Hochfelln (1671 m), dem Zwiesel (1782 m) und dem Hochstaufen (1771 m), dann anschließend die Gruppen um Berchtesgaden und den Königsee mit dem marmorreichen Untersberg (Hochthron 1973 m), dem hohen Göll (2522 m), Watzmann (2713 m), Hochkalter (2608 m) u. a., dann im Südosten das Hagengebirge und im Süden die Funtenseetauern (2578 m) als Übergang zum Steinernen Meer.

Die Hochebene nördlich der Alpen bis zur Donau umfaßt rund 26000 qkm. Sie hat keinen ununterbrochenen Verlauf. Im Süden befinden sich dort noch ansehnliche Berge, wie z. B. der Auerberg südwestlich von Schongau mit 1055 m und der Hohe Peißenberg bei Weilheim mit 989 m. Im übrigen schwankt die Erhebung der Hochfläche zwischen 500 und 600 m. Die Endpunkte liegen jedoch wesentlich niedriger. Im einzelnen ist z. B. die Höhenlage von München 520 m, Augsburg 489 m, Lindau 399 m, Regensburg 339 m, Passau 302 m usw. Größere Ebenen sind die Memminger Ebene, das Lechfeld, die Münchener Ebene, das Rosenheimer Becken, die Innebene zwischen Mühldorf und Pocking. Im südlichen und mittleren Teile der Hochebene befinden sich zahlreiche Seen, wie insbesondere der Ammersee, Würmsee, Simmsee und Chiemsee, sowie Moore, so z. B. das Dachauer, Erdinger, Schleißheimer, Neurainer, Rosenheimer und Chiemsee-Moor.

Nordbayern gehört zum Gebiete des mitteldeutschen Berglandes. Die Bodengestalt bietet einen starken Wechsel zwischen Grenz- und Binnengebirgen, Hochflächen und Flußniederungen. Die höchsten Gipfel erreichen nicht ganz 1500 m. Durch die Mitte Nordbayerns zieht als Fortsetzung der Rauhen Alb in Württemberg der schwäbisch-fränkische Jura bis zum oberen Main bei Lichtenfels. Der Jura ist oben wasserarm und zerklüftet. Die Täler sind besser.

Im nordöstlichen Oberfranken ist südöstlich vom Thüringer Wald der Frankenwald, eine nicht über 430 m hohe Platte, die Wasserscheide zwischen der Elbe und dem Rhein. Am Südende des Frankenwaldes erhebt sich dann der Stock des Fichtelgebirges mit dem Schneeberg (1051 m), dem Ochsenkopf (1024 m), der Kösseine (942 m) und dem Rauhen Kulm (680 m). Vom Fichtelgebirge aus zieht dann durch die östliche Oberpfalz und das nordöstliche Niederbayern als Grenzgebirge gegen Österreich bis zur Donau der Bayerische und Böhmerwald mit dem Arber (1458 m), Rachel (1454 m), Lusen (1372 m), Falkenstein (1373 m), Osser (1293 m) und Dreisesselberge (1314 m).

An der westlichen Grenze Mittelfrankens liegt die Frankenhöhe als Fortsetzung eines schon in Württemberg beginnenden Höhenzuges. In Unterfranken schließt sich dann der Steigerwald mit dem Haß- und Zeilberge bis gegen die obere

Saale an. Nordwestlich dieser ist das rauhe Rhöngebirge mit dem Kreuzberg (930 m) und mit großen Moor- und Sumpfflächen. Am unteren Main sind dann noch der Spessart mit dem Geiersberg (585 m) und Teile des Odenwaldes. Zu beiden Seiten des mittleren Maines erstreckt sich die Fränkische Ebene mit sehr fruchtbaren, dichtbevölkerten Gauen.

Die Rheinpfalz ist begrenzt von Elsaß-Lothringen, Preußen und Rheinhessen und von Baden durch den Rhein geschieden. Sie gehört zum Gebiete des oberrheinischen Tief- und Gebirgslandes und ist zwischen 48° 58′ und 49° 49′ n. Br. und zwischen 7° 4′ und 8° 30′ ö. L. von Greenwich gelegen. Die Pfalz zerfällt in die fast ebene Vorderpfalz und in die gebirgige Hinterpfalz. Zum Gebirgsland der letzteren gehört das Hardtgebirge, als Fortsetzung der Vogesen. Der östliche Hauptzug der Hardt, an welchem sich die herrlichen Weingelände nördlich und südlich von Neustadt befinden, erhebt sich beim Gr. Kalmit bis zu 673 m. Nordwestlich der Hardt ist die sog. Kaiserslauterer Senke, teilweise aus Moor- und Sumpfland (Landstuhler Gebrüch) bestehend. Nördlich hiervon ist der Gebirgsstock des Donnersbergs (mons Jovis) mit dem aussichtsreichen Königsstuhl (687 m).

B. Geognostische Verhältnisse.

Es gibt kaum eines der bis jetzt bekannten wesentlichen Glieder der verschiedenen Gesteinsgruppen, das nicht an der Zusammensetzung des Bodens oder der Gebirge Bayerns beteiligt wäre.

Die Urgebirgsgesteine (Gneis, Glimmerschiefer und Urtonschiefer) ragen zwar nur in einzelnen Teilen des Landes über die Oberfläche empor, setzen sich aber trotzdem in manchen Gegenden zu ganzen Gebirgszügen zusammen, wie z. B. im Bayerischen Wald, im Fichtelgebirge, im Spessart. Die vorwiegend aus Quarz, Glimmer und Kalifeldspat bestehenden Urgebirgsgesteine verwittern zu einem mehr oder weniger tonigsandigen, sogenannten Granitboden, dem die Zersetzung der

Feldspatbestandteile einen gewissen Gehalt an Kalium verleiht, der aber meist kalkfrei oder doch sehr kalkarm ist.

Von den Übergangs- und Kohlengebirgsschichten sind die älteren Systeme und die Präkarbonschichten nur in einem Teile des Fichtelgebirges und Frankenwaldes am Gebirgsaufbau in größerer Ausdehnung beteiligt. Mit Kohlengebirgsschichten ist Bayern nicht reich gesegnet (Rheinpfalz). Die aus diesen Übergangsschichten entstehenden Böden haben sehr verschiedene Eigenschaften.

Die Gesteine der Tonschiefer und Grauwackengruppe liefern bei ihrer Verwitterung einen zähen, kaliarmen, wenig fruchtbaren Boden, der bei vorherrschender Grauwacke eine mehr sandige Beschaffenheit annimmt, während die Grün- und Schalsteine sich zu einem eisenreichen, meist kalkhaltigen Lehmboden von mittlerer Fruchtbarkeit zersetzen. Gegen die fahlfarbigen, graulichen Ackererden der Gesteine des Kohlengebirges und der Überkohlengebirgsschichten stechen die intensiv roten, sandigen oder trümmerig tonigen Böden des Rotliegenden und Zechsteines auffallend ab.

Von der sekundären Schichtenreihe beteiligt sich der Buntsandstein in großartiger Weise an dem Aufbau ausgedehnter Gebiete unseres Landes, nämlich des Hardtgebirges in der Pfalz, des Spessarts und des unterfränkischen Maingebietes von Miltenberg bis zur nördlichen Landesgrenze bei Fladungen, sowie am Westrande des Fichtelgebirges. Die Zersetzung des Buntsandsteines liefert einen bald tonig sandigen, bald rein sandigen Boden von meist geringer Ertragsfähigkeit. Der Muschelkalk überdeckt die Höhen des Buntsandsteines in plateauförmiger Ausbreitung in breitem Strich von Rothenburg über Würzburg bis Haßfurt, Kissingen und Mellrichstadt. Weiterhin zeigt er sich am Westfuße des Fichtelgebirges und in der Pfalz (Bliesgegend, Sickinger Höhe). Alle Muschelkalkgesteine liefern einen schweren, graugefärbten Mergelboden von großer Fruchtbarkeit, die aber stellenweise durch zu zahlreich beigemengte Gesteinsbrocken sehr beeinträchtigt wird.

Die Keuperschichten bilden den Untergrund des Landstriches zwischen dem fränkischen Muschelkalkgebiet und dem Frankenjura vom Ries an durch Mittelfranken über den fränkischen Landrücken, die Hohe Steig, den Steigerwald und das Haßgebirge bis zum Fuß des Thüringer Waldes, am Westende des Fichtelgebirges und ostbayerischen Grenzgebirges entlang über Kulmbach, Bayreuth, Schwandorf bis zum Keilberg bei Regensburg.

Die aus den Keuperschichten durch Verwitterung entstehenden Böden sind verschieden. Der untere Gipskeuper z. B. liefert einen vortrefflichen, tiefgründigen Fruchtboden (Aischgrund, Grabfeld), während aus den übrigen Schichten des bunten Keupers ein meist sandiger, strichweise lettiger, durchweg rot gefärbter Boden hervorgeht, der nur in gewissen Gegenden durch einen weißen lettigen Sandboden vertreten wird.

Die mit dem Keuper gleichalterigen Schichten des Alpengebietes sind mächtig entwickelt, aber fast ausschließlich kalkiger und dolomitischer Natur.

Die höchsten und schroffsten Bergrücken und Spitzen (Zugspitze, Karwendel, Benediktenwand) bestehen aus dem weißen Wettersteinkalk, auf dem sich der Hauptdolomit aufbaut, der den ganzen Zug der Kalkalpen vom Allgäu bis zur Salzach beherrscht. Von der Jurassischen Schichtengruppe sind Lias und Dogger in Bayern verhältnismäßig nur gering entwickelt. Der Hauptstock des Frankenjura wird von den Malmbildungen (Jurakalk und Frankendolomit) aufgebaut. Der Jurakalk zerfällt an der Oberfläche leicht in ein Haufwerk von Schollen und Scherben, welche in Vermengung mit dem aus der gänzlichen Zersetzung des Gesteines hervorgegangenen braunen Lehm den Boden der Juraberge bilden.

Die jüngsten Ablagerungen der sekundären Schichtenreihe, die Kreidebildungen, sind in Bayern auf zwei streng geschiedene Gebiete verteilt, auf ein alpines und ein außeralpines. Am mächtigsten treten sie im Allgäu hervor.

Das außeralpine Kreidegebiet zieht sich von Regensburg bis über Sulzbach hinaus. Der aus diesen Gesteinen entstandene Boden ist mergelig-sandig und im ganzen wenig fruchtbar

Die tertiären Bildungen treten hauptsächlich in drei Gegenden des Königreiches in größerer Verbreitung auf: in der den Alpen vorliegenden Hochfläche und an dem dieser zunächst angeschlossenen Rande des Hochgebirges, dann im Rhein-Maingebiet und in den längs der Naab von der Donautalung bis zum Egerschen Kessel sich hinziehenden Vertiefungen zwischen dem ostbayerischen Urgebirge und dem Frankenjura.

Der ganze Vorderzug des Hochgebirges besteht fast ohne Unterbrechung aus dem sog. Flysch, einem ungemein mächtigen Komplex von mergeligem Schiefer, grauen Sandsteinen und breccienartigen Schichten, die durch Verwitterung einen sehr fruchtbaren, weiden- und waldreichen Boden liefern. Im flachen Alpenvorlande dagegen breiten sich bis zu den jenseitigen Donaubergen reichende, jüngere, sandig-mergelige Gesteine, die sog. Molasse, aus, die mehrfach Braunkohle einschließen (Miesbach, Penzberg, Peissenberg). Gewisse Molassemergel werden auch zur Zementfabrikation benutzt.

Von diesem ausgedehnten Molassegebiet der Voralpenlandschaft zweigen bei Regensburg ähnliche Tertiärablagerungen gegen Norden bis gegen Eger zu ab, wo sie sich mit den gleichen Gebilden in Böhmen verbinden.

Von den quartären oder diluvialen Bildungen sind vor allem die am Fuße der Alpen sich hinziehenden sog. Glazialgebilde, der Gletscherschutt, die Moränen und Gerölle der Eiszeit zu nennen, dann der weitverbreitete braune Lehm, insbesondere in der Ausbildung des sog. Löß. Über das alpine Vorland bis zur Donau breiten sich namentlich die diluviale Nagelfluh oder der Höhenschotter und der Löß aus. In der Rheintalebene und im unteren Maintale herrschen fast ausschließlich der Lößlehm, streckenweise auch Sand als diluviale Ablagerungen. Im übrigen Teil des Landes sind es teils lößähnliche Lehme, teils sandige Lagen, welche das Diluvium vertreten und über fast alle Gegenden verbreitet sind.

Unter den alluvialen Bildungen sind insbesondere die Moore mit dem Torf zu erwähnen. Bayern besitzt im ganzen

144300 ha Moore, wovon ca. $^1/_3$ zu den Hochmooren zu zählen sind. Im Staatsbesitz sind 9403 ha. Die übrige, oft stark zerstückelte Fläche ist im Privatbesitz. Von der gesamten Moorfläche sind rund $^1/_3$ kultiviert. Ein großer Teil der unkultivierten Fläche wird als Torfstich, Streuwiese oder Viehweide benützt.

C. Wasserwirtschaftliche Verhältnisse.

Aus dem von dem Kgl. Hydrotechnischen Bureau (vgl. VIII, B. 7) alljährlich herausgegebenen Jahrbuch und dessen Beilagen ist zu entnehmen, daß im rechtsrheinischen Bayern die jährlichen Niederschlagshöhen zwischen 550 und 2000 Millimeter schwanken. Die niederschlagsärmsten Gebiete (550 mm) liegen zwischen Haßfurt, Schweinfurt, Würzburg, Ochsenfurt, Windsheim, dann zwischen Wassertrüdingen und Haarburg. Trockeninseln (von 650 mm Jahresniederschlag) liegen zwischen Weiden, Schwandorf, Burglengenfeld, Regensburg und Straubing, dann zwischen Offingen, Donauwörth, Vohburg, Gundelsdorf und zwischen Landshut und Plattling. Ein Gebiet bis zu 1000 mm Niederschlag per Jahr zieht sich von Förtschendorf im Frankenwald über Münchberg bis Wunsiedel im Fichtelgebirge; der Bayerische Wald zwischen Cham und Passau erhält 1200 mm Jahresniederschlag. Von der Donau nach Süden nimmt die jährliche Niederschlagshöhe von 600 mm rasch zu; sie hat in der Linie Ferthofen—Biessenhofen—Hohenschwangau, Wolfratshausen, Rosenheim, Trostberg bereits 1000 mm erreicht, steigt dann sehr rasch auf den Vorbergen der schwäbisch-bayerischen Alpen bis auf 1500 mm und erreicht an manchen Stellen 1900 mm (Hohenschwangau), ja sogar 2000 mm (Weißbach bei Reichenhall). Spessart und Rhön werden mit 900 bzw. 1000 mm Niederschlag alljährlich betroffen. Die mittlere jährliche Niederschlagshöhe im bayerischen Donaugebiet ist 830 mm, im bayerischen Maingebiet 630 mm. Auf ersteres mit rd. 48000 qkm Fläche fallen jährlich rd. 40 Milliarden cbm, auf letzteres mit rd. 19000 qkm rd. 12 Milliarden cbm Niederschlag. Niederschläge.

In der bayerischen Rheinpfalz liegt ein Gebiet geringen Niederschlags (550 bis 600 mm) nördlich der Linie: Lauterecken—Langmeil, Dürkheim, Neustadt, Germersheim; südlich dieser Linie erscheinen Jahresniederschläge bis zu 750 mm; ein kleines, etwas regenreicheres Gebiet (800 mm) liegt bei Waldmohr. Die mittlere Niederschlagshöhe in der Pfalz mit rd. 5900 qkm Bodenfläche beträgt 650 mm, so daß sie alljährlich eine Regenmenge von nicht ganz 4 Milliarden cbm empfängt.

Wasserläufe. Nach diesen Niederschlagsverhältnissen richten sich im wesentlichen die Abflußverhältnisse der Flüsse und Bäche in Bayern. Der Reichtum Bayerns an gut gespeisten Flüssen ist nicht gering; insbesondere zeichnet sich hier aus das bayerische Voralpengebiet. Nach einer ziemlich genauen Schätzung hat Bayern 71000 km Fluß- und Bachläufe, so daß bei einer Gesamtflächengröße des Königreichs von rund 75860 qkm fast auf jeden qkm Bodenfläche ein km Wasserlauf trifft.

Im ganzen ist Bayern an vier Stromgebieten beteiligt, und zwar am Donau-, Rhein-, Elbe- und Wesergebiet. Der größte Teil Bayerns gehört den zwei erstgenannten Gebieten an, nur kleine Landesteile an der Nord- und Nordostgrenze entsenden Flüsse zur Elbe und Weser. Unmittelbar zum Becken des Rheines fließen im rechtsrheinischen Bayern nur einige untergeordnete Gewässer in dem südwestlich gegen den Bodensee vorspringenden Gebietsteile. Die übrigen Gewässer des Rheingebietes ergießen sich zunächst in den Main. Die Pfalz gehört vollständig zum Gebiete des Mittelrheins.

Sämtliche Wasserläufe lassen sich nach ihrem Charakter in zwei Hauptgruppen teilen: in solche, welche ihre höheren Wasserstände in der Regel in den ersten Sommermonaten Juni und Juli erreichen — hierzu gehören alle aus den Alpen kommenden Flüsse und Bäche — und in solche, deren höheren Wasserstände in die Winter- und Frühjahrsmonate Dezember bis April fallen — hierzu gehören alle außeralpinen Wasserläufe des Königreichs.

Das bayerische Wasserbenutzungsgesetz vom Jahre 1852 unterscheidet zwei Hauptarten von Flüssen, öffentliche und private. Zu den ersteren gehören alle schiff- und floßbaren Wasserläufe, zu den letzteren alle diejenigen, welche diesen Charakter nicht haben. Insbesondere mit Rücksicht auf den Verkehr wendet der Staat den öffentlichen Flüssen auch seine besondere Sorge zu; er übernahm namentlich die Korrektion derselben und legte den Uferschutz auf breitere, leistungsfähigere Schultern (Kreis). Als schiffbare Flüsse gelten zurzeit in Bayern[1]) Donau (387), Inn (217), Salzach (59), Rhein (86), Main (323), dann noch Teilstrecken der Naab (22), der fränkischen Saale (11), und der Regnitz (8), zusammen 1113 km. Zu den floßbaren Flüssen und Bächen gehören Iller (103), Lech (171), Wertach (65), Regen (174), Isar (260), Loisach (82), Ammer und Amper (92), Ilz (21), Main (80), Regnitz (24) und die Floßbäche des Frankenwalds (181), zusammen 1253 km. Das Verhältnis zwischen öffentlichen und Privatflüssen in Bayern ist sohin etwa

$$\frac{2400}{68\,600} = \frac{1}{28}.$$

Unter den Privatflüssen nehmen eine besondere Stellung die Wildbäche ein, d. i. Wasserläufe mit besonders starkem Gefälle (in der Regel mehr als 1 %), starkem Angriff auf Ufer und Sohle, sowie mit verhältnismäßig starken, plötzlich und stoßweise auftretenden Hochwasseranschwellungen. Zumeist liegen sie in den Quellgebieten der Alpenflüsse, doch sind einzelne auch im Gebiete des Bayerischen Waldes, des fränkischen Keupers und des pfälzischen Kulm zu finden. Sie erfordern eine besondere Behandlung und es sind zu diesem Zwecke auch Wildbachverbauungssektionen eingerichtet worden (vgl. VIII, B. 4).

Die Gefällsverhältnisse der Flüsse und Bäche sind selbstverständlich sehr verschieden; so hat z. B. die Isar bei Mittenwald ein Gefälle von 7 m auf 1000 m, dagegen die Donau oberhalb der Isarmündung nur ein solches von 12 cm auf 1000 m.

---

[1]) Die Zahlen in Klammern geben die Länge der Schiffbarkeit in Bayern an.

Auch die von den einzelnen Bächen und Flüssen abgeführten *Wassermengen* wechseln ungemein. Die Isar bei München hat z. B. bei Niederwasser nur 30 cbm pro Sekunde, beim höchsten Hochwasser (1899) dagegen 1300 cbm. Interessant ist noch das Verhältnis zwischen Niederschlag und Abfluß in den einzelnen Gebieten. Von den 40 Milliarden cbm Regen (und Schnee), welche auf das bayerische Donaugebiet alljährlich treffen, fließen nahezu 20 Milliarden cbm — also die Hälfte — nach Österreich; von den 12 Milliarden cbm, welche das bayerische Maingebiet alljährlich treffen, gehen nahezu 4 Milliarden cbm — also etwa ein Drittel — in das preußisch-hessische Gebiet über.

Über die *Wassertemperaturen* der Flüsse Bayerns liegen bis jetzt nur spärliche Beobachtungen vor.

Seen. Im südlichen Bayern sind zahlreiche *Seen*, die der Gegend als herrliche Zierde dienen und durch ihren zumeist wertvollen Fischbestand von erheblicher wirtschaftlicher Bedeutung sind. Von den Seen sind insbesondere zu nennen der Bayern, Württemberg, Baden, Österreich und der Schweiz gemeinsame Bodensee mit 528,3 qkm, Chiemsee mit 80,14 qkm (nach Senkung des Spiegels), Königssee mit 5,29 qkm, Starnbergersee mit 57,2 qkm, Ammersee mit 47,6 qkm, Kochelsee mit 5,95 qkm (nach Senkung des Seespiegels), Walchensee mit 16,38 qkm, Staffelsee mit 7,66 qkm usw.

D. Klimatische Verhältnisse.

Bayern weist in bezug auf Klima bei einem verhältnismäßig kleinen Gebiete große Unterschiede auf. Die zwei Hauptfaktoren, welche das Klima eines Landes bedingen, durchkreuzen sich hier, denn einerseits nimmt von der Pfalz zur bayerischen Ostgrenze die Kontinentalität der Lage ganz wesentlich zu, und anderseits wächst vom Maingebiet bis zur Südgrenze die mittlere Seehöhe des Gebietes im allgemeinen an. Hierdurch entstehen eigenartige Änderungen der allgemeinen Witterungsverhältnisse, die in der Temperatur wie in der Bewölkung, in der Windrichtung wie in der Niederschlagsmenge, in der Dauer des Sonnenscheins wie in der Stärke und Beständigkeit der Schneedecke, kurz in allen meteorologischen Elementen mit Entschiedenheit zum Ausdruck kommen. In allen Darstellungen tritt als ausgesprochene Klimascheide der Schwäbisch-fränkische Jura hervor. Westlich vom Abhang des Jura ist die Einwirkung des maritimen Klimas unverkennbar. Im ganzen Rhein- und Maingebiet verläuft der Winter erheblich milder als östlich vom Jura. Die Rheinebene, im Windschatten von Haardt und Donnersberg, kennt im Juli und August die höchsten Sommertemperaturen unseres Gebietes, die in der niederbayerischen Donauebene kaum für ganz kurze Zeit erreicht werden. Wie der Frühling im Rhein- und Maingebiet früher kommt als östlich vom Jura, so ist auch der Herbst in der Pfalz und in Franken wesentlich wärmer als im östlichen Bayern. Für das Alpenvorland ist im Herbst und Frühjahr, zuweilen auch im Winter, das Auftreten von Föhn charakteristisch, der durch seine hohe Temperatur und sehr geringe Luftfeuchtigkeit auffällt. Der Föhn Südbayerns ist bedingt durch den Vorüberzug kleiner Teildepressionen, die am nördlichen Alpenfuß hinwandern. Diese Teilminima treten auch im Sommer auf und bedingen die hohe Gewittertätigkeit im südlichen Bayern. Auch die rauhen Ostwinde der bayerischen Hochebene stehen in Zusammenhang mit dieser speziellen Zugstraße. Ganz auffallend ist die Abnahme der Ostwinde, wenn wir die mehrfach erwähnte Klimascheide des Jura überschreiten und in das milde Klima Frankens treten. Während des Winters stellt sich im südlichen Bayern und insbesondere in dem Gebiete der Vorberge die Erscheinung der Temperaturumkehr häufig ein. Selbst im langjährigen Mittel ist der Hohenpeißenberg im Dezember wärmer als München. Die höheren Lagen des Gebirges haben im Winter oft wochenlangen Sonnenschein, wenn die Hochebene und das Donautal unter einer ausgedehnten Nebeldecke ruhen. Die Niederschläge sind am geringsten in dem bayerischen Anteil der oberrheinischen Tiefebene, wo die Haardt und der Donnersberg ausgesprochenen Windschutz gewähren. Auch an der oberen

Donau, in der Gegend von Dillingen bis Weltenburg, liegt ein kleineres niederschlagsarmes Gebiet. Sowohl gegen die Alpen als auch gegen die Gebirgszüge der Ostgrenze hin nehmen die Niederschläge erheblich zu. Dabei ist aber die Verteilung des Niederschlags auf die Jahreszeiten für die Alpen und für den Bayerischen- (und Böhmer-) Wald sehr verschieden. Der Anteil der ganzen jährlichen Niederschlagsmenge, der im Bayerischen Wald im Winter anfällt, ist viel größer als der winterliche Anteil des Jahresniederschlags für die Alpen, wo die sommerlichen Regenfälle überwiegen. Der Bayerische Wald bekommt meist schon im Vorwinter seine Schneedecke, die dauernd bis zum Frühjahr bleibt und sich durch wiederholte Schneefälle bei geringem Abschmelzen oft bis zu großen Höhen ansammelt. In den Alpen hingegen geht der Schnee des Vorwinters insbesondere beim Auftreten vom Föhn wieder häufig weg und erst das Ende des Winters bringt im Hochgebirge die stärkeren Schneefälle. Je höher man steigt, desto mehr verspätet sich das Maximum des Schneefalls, so daß die Zugspitze die größten Schneemengen erst im Mai bekommt. Es hängt dies mit der Verschiedenheit der Exposition zusammen, welche die Alpen und der Bayerische Wald gegen die Haupt-Windrichtungen haben, und auch mit der Lage dieser beiden Gebirge gegen die Bahnen der Hauptdepressionen und der kleineren Teilminima.

II. Bevölkerung.

Landwirtschaftliche Betriebs- und Besitzverhältnisse im allgemeinen.

Bayern hat nach der Volkszählung vom 1. Dezember 1900: 6 176 057 Einwohner.[1])

Von der Einwohnerzahl treffen auf

Oberbayern .	mit	1 672 510	6 994 224 Hektar	1 323 888	5 344 379 Einwohner
Niederbayern .	„	1 075 658		678 192	
die Oberpfalz	„	965 222		553 835	
Oberfranken .	„	699 884		608 122	
Mittelfranken	„	758 327		815 895	
Unterfranken .	„	840 152		650 766	
Schwaben .	„	982 470		713 681	
die Pfalz . .	„	592 796		831 678	

Die Bevölkerungsdichtigkeit auf 1 qkm war im Jahre:

	1890	1900 im ganzen	1900 auf dem Lande
in Oberbayern . .	66	79	45
„ Niederbayern .	62	63	57
„ der Pfalz . .	123	140	101
„ der Oberpfalz .	56	57	48
„ Oberfranken . .	82	87	69
„ Mittelfranken .	93	108	57
„ Unterfranken .	74	77	64
„ Schwaben . .	68	73	54
im Königreich . .	74	81	58

Von der Gesamtbevölkerung Bayerns trafen nach der Zählung vom Jahre 1900 auf die Stadtbevölkerung 1 857 306 = 30,06 % und auf die Landbevölkerung 4 318 751 = 69,9 % Stadt und Land.

---

[1]) Im Jahre 1895 waren es 5 818 544; demnach ergibt sich bis zum Jahre 1900 eine Zunahme von 357 513 = 6,14 %.

Einwohner. Die Berufsbevölkerung betrug im ganzen im Jahre 1882: 5268761 und im Jahre 1895: 5779176, d. i. eine Mehrung von 510415 = 9,69%. Die landwirtschaftliche Bevölkerung im Hauptberufe war im Jahre 1882: 2681265, im Jahre 1895 dagegen nur noch 2647665, d. i. eine Minderung von 33600 = 1,25%. Auf 100 Personen Gesamtbevölkerung trafen landwirtschaftliche Personen im Hauptberufe im Jahre 1882: 50,89 und im Jahre 1895: 45,81, d. i. eine Minderung von 5,08%. Vom Jahre 1895 bis 1900 hat die Stadtbevölkerung um 273848 = 17,3%, die Landbevölkerung hingegen nur um 83665 = 2% zugenommen. Die wesentlich stärkere Zunahme der städtischen Bevölkerung und der nicht landwirtschaftlichen Berufszweige zeigt sich hiernach auch in Bayern.

Abstammung. Die Bevölkerung Bayerns ist auf drei deutsche Stämme zurückzuführen: die Baiern oder Boivaren im Flußgebiete der Donau östlich vom Lech und der Wörnitz, die Schwaben im oberen Donaugebiete westlich vom Lech und der Wörnitz, und die Franken im Gebiete des Mains und des Rheins. Die drei fränkischen Provinzen haben auch einiges slavisches Blut aufgenommen.

Landwirtschaftliche Betriebs- und Besitzverhältnisse. Nach der landwirtschaftlichen Betriebsstatistik vom Jahre 1895 waren in Bayern 663785 landwirtschaftliche Betriebe mit 5945736 ha Gesamtfläche und 4341577 ha landwirtschaftlich benützter Fläche. Hiervon treffen:

	Betriebe:	Gesamtfläche:	landw. ben. Fläche:
auf Oberbayern .	92261	1341476 ha	928293 ha
„ Niederbayern	82401	945944 „	683569 „
„ die Pfalz . .	105955	380370 „	310786 „
„ die Oberpfalz	64397	770527 „	508281 „
„ Oberfranken .	70418	548266 „	400643 „
„ Mittelfranken	69402	602808 „	442663 „
„ Unterfranken .	95982	584941 „	463753 „
„ Schwaben .	82969	771404 „	603589 „

Die Grundbesitzverteilung ist in Bayern der Hauptsache nach eine günstige. Die mittleren und großen bäuerlichen

Besitzungen nehmen insbesondere in den Gegenden mit entwickelter Viehzucht einen hohen Prozentsatz ein; obgleich auch hier eine Abnahme der Zahl dieser Betriebe, namentlich infolge der ungünstigen Dienstboten- und Arbeiterverhältnisse, sich zeigt. Der Kleinbesitz ist vor allem in Unterfranken und in der Pfalz zu Hause. Durch intensive Kultur und durch Anbau von Garten- und Handelsgewächsen findet er jedoch dort seine Nahrung. Der eigentliche Großbesitz ist in Bayern selten.

Nach der Betriebsstatistik waren in Bayern bei der oben bezeichneten Anzahl von Betrieben:

	Zahl	(%)		Fläche	
im Jahre 1895					
Parzellenbetriebe unter 2 ha	236575	(35,6 %)	mit	292515	ha
Kleinbetriebe 2—5 ha . .	165408	(24,9 %)	„	716765	„
Mittelbetriebe 5—20 ha .	216999	(32,7 %)	„	2844689	„
Großbäuerliche Betriebe 20—100 ha	44182	(6,7 %)	„	1893989	„
Großbetriebe über 100 ha	621	(0,1 %)	„	197778	„
im Jahre 1882					
Parzellenbetriebe unter 2 ha	262343	(38,5 %)	mit	264069	ha
Kleinbetriebe 2—5 ha . .	165429	(24,3 %)	„	689983	„
Mittelbetriebe 5—20 ha .	207986	(30,5 %)	„	2694065	„
Großbäuerliche Betriebe 20—100 ha	45169	(6,7 %)	„	1889664	„
Großbetriebe über 100 ha	594	(0,1 %)	„	168157	„

Von den Großbetrieben gehörten im Jahre 1895 nur 18 der Größenklasse 500 bis unter 1000 ha mit 23342 ha Gesamtfläche und 2 der Größenklasse von 1000 ha und mehr mit 4432 ha Gesamtfläche an.

Die durchschnittliche Größe eines Betriebes betrug im Jahre 1895:

in Oberbayern .	14,6 ha	in Oberfranken .	7,8 ha
„ Niederbayern .	11,5 „	„ Mittelfranken .	8,7 „
„ der Pfalz . .	3,6 „	„ Unterfranken .	6,1 „
„ der Oberpfalz	12,0 „	„ Schwaben . .	9,3 „

und im Königreiche 9,0 „ Gesamtfläche.

Die meisten aller Betriebe werden von den Eigentümern bewirtschaftet. Ausschließlich gepachtetes Land war im Jahre 1895 nur bei 16014 Betrieben.

Dienstboten- u. Arbeiterverhältnisse. In Übereinstimmung damit, daß bei der Grundbesitzverteilung der eigentliche bäuerliche Besitzstand überwiegt, werden zur Bewirtschaftung neben den Angehörigen der Besitzer viel mehr ständig angestellte Dienstboten als Tagarbeiter herangezogen.

Von den dem Hauptberufe nach zur Landwirtschaft im engeren Sinne angehörigen Personen waren:

	im Jahre 1895	im Jahre 1882	demnach im Jahre 1895 gegen 1882
Selbständige Unternehmer, Pächter, leitende Beamte	429 882	403 961	+ 25 921 = 6,4 %
Wirtschaftsbeamte u. dgl. .	1 609	595	+ 1 014 = 170,4 %
Familienangehörige in der Wirtschaft des Hausvorstands tätig	277 520	550 787	— 273 267 = 49,6 %
Landwirtschaftliche Knechte und Mägde	491 703	354 010	+ 137 693 = 38,9 %
Landwirtschaftl. Taglöhner und andere Arbeiter mit eigenem Land	33 538	52 409	— 18 871 = 36,1 %
Landwirtschaftl. Taglöhner ohne eigenes oder gepachtetes Land . . .	96 853	129 608	— 32 755 = 25,3 %
Häusliche Dienstboten . .	32 131	7 811	+ 24 320 = 311,4 %
Nicht erwerbstätige Angehörige	1 222 622	1 140 818	+ 81 804 = 7,2 %

Wenn auch die Erhebungsziffern der Jahre 1882 und 1895 infolge verschiedener Zählweise schwer vergleichbar sind, dürfte aus ihnen doch so viel hervorgehen, daß die Zahl der für die Landwirtschaften verfügbaren Arbeitskräfte sich wesentlich verringert hat. Hand in Hand hiermit gehen die sich steigernden Ansprüche der Arbeitskräfte in bezug auf Lohn, Verpflegung u. dgl. Der Lohn für männliche Dienstboten beträgt 200—350 M. und der für weibliche 180—250 M. Die Kost ist auf 250—350 M. jährlich zu werten. Die ortsüblichen

Taglöhne für männliche Arbeiter betragen in Oberbayern 1,50—3,00 M., in Niederbayern 1,30—1,80 M., in der Pfalz 1,70—2,50 M., in der Oberpfalz 1,30—1,80 M., in Oberfranken 1,20—1,80 M., in Mittelfranken 1,20—2,20 M., in Unterfranken 1,50—2,20 M. und in Schwaben 1,60—2,50 M. Die Taglöhne für weibliche Arbeitskräfte sind gut um ein Dritteil niedriger.

Behufs Besserung der landwirtschaftlichen Arbeiterverhältnisse suchen viele der in Bayern bestehenden 70 gemeindlichen Arbeitsämter auch landwirtschaftliche Dienstboten und Arbeiter zu vermitteln. Einige der Arbeitsämter, insbesondere München, haben auch schon ganz gute Erfolge aufzuweisen. Jährlich werden ca. 5000 landwirtschaftliche Stellen durch die Arbeitsämter besetzt.

Bei dem alljährlich stattfindenden Zentrallandwirtschaftsfeste werden an langgediente Dienstboten und ständige Arbeiter ca. 500 silberne Medaillen und ca. 150 Diplome verteilt.

Familien- und erbrechtliche Verhältnisse.

Die meisten Besitzer landwirtschaftlicher Anwesen, namentlich die Bauern, sind verheiratet. Die Anwesen stehen in Bayern r. d. Rh. in der Regel kraft der vertragsmäßig oder kraft auf Grund des früheren Rechtes bestehender Gütergemeinschaft im Miteigentum der Ehegatten; nur gemeinsam können sie daher hierüber verfügen, insbesondere die Anwesen belasten und veräußern. Fast regelmäßig schließen die Verlobten Ehe- und Erbverträge ab, in denen sie für die Dauer der Ehe allgemeine Gütergemeinschaft und für den Fall des Ablebens eines Ehegatten bestimmen, daß der Überlebende Alleineigentümer wird und den Kindern der ihnen zukommende Erbteil in Geld, auszuzeigen und hypothekarisch sicherzustellen ist. Bei Alter oder Krankheit des Überlebenden schließt sich öfters hieran die Übergabe des Anwesens auf ein Kind an. Im Falle der Wiederverehelichung des Überlebenden tritt der neue Ehegatte in das Miteigentum des Anwesens ein, jedoch mit einschränkenden Bestimmungen zugunsten der Kinder der ersten Ehe.

Nicht selten erfolgt die Regelung schon bei Lebzeiten des Eigentümers oder in einem sog. Übergabsvertrage, durch welchen das Anwesen von den Eltern dem Sohne und seiner Frau übergeben wird.

Im Gebiete des ehemaligen bayerischen Landrechts — fast ganz Oberbayern, Niederbayern, Oberpfalz, südlicher Teil von Mittelfranken, östlicher Teil von Oberfranken, nördlicher und östlicher Teil von Schwaben — und auch in großen Teilen der fränkischen Kreise gilt noch fast überall die alte Sitte, daß das Bauerngut ungeteilt auf eines der Kinder übergeht, wobei dasselbe mehr oder minder begünstigt wird. Den Übernehmer bestimmen zumeist die Eltern in freier Wahl, je nach Tüchtigkeit; oft ist es der älteste oder jüngste. Die Eltern übergeben zumeist noch bei Lebzeiten und behalten sich einen Auszug oder Austrag in Bargeld, Naturalien und Wohnung vor. Die Geschwister des Gutsübernehmers erhalten eine Abfertigung, Heiratsgut, und zwar leider oft zu hoch bemessen im Verhältnisse zum Werte des Anwesens. Die Ansprüche der Eltern und Geschwister werden durch Eintragung in das Grundbuch (Hypothekenbuch) gesichert. In neuerer Zeit fordern die Eltern immer mehr ihren Auszug in Geld, um in die Stadt zu ziehen, statt auf dem Lande dem Gutsübernehmer zur Seite zu stehen und den Austrag auf dem Gute zu verzehren. Aus dem gleichen Grunde verlangen oft die Geschwister die baldige Bezahlung ihrer Abfertigung. Hierdurch gelangen die Gutsübernehmer in eine wirtschaftlich sehr schwierige Lage.

Kinderlose Anwesensbesitzer nehmen öfters einen entfernteren Verwandten an Kindesstatt an, um ihm das Anwesen zu übergeben.

In Unterfranken gilt überwiegend, außer im Ochsenfurter- und Schweinfurter-Gau, der Grundsatz der Naturalteilung unter den Erben. In neuerer Zeit hat dies allerdings nachgelassen, da die Parzellierung schon zu weit gediehen ist und die Leute allmählich die Nachteile dieser Vererbungsweise einsehen.

Im südlichen Schwaben und in Altbayern kommen des öftern sog. Kommunhausungen vor, d. h. die gemeinsame Bewirtschaftung von Anwesen durch den überlebenden Ehegatten und die Kinder oder durch die ledigen Geschwister. Ein Heiratender erhält eine Abfindung.

In der Pfalz findet zumeist Teilung des Nachlasses unter den Kindern entweder durch freie Vereinbarung oder auf gerichtlichem Wege statt. Gutsübergaben zu Lebzeiten mit einem Austrag zugunsten der Eltern kommen übrigens auch in der Pfalz viel vor.

Fideikommissarische Besitzungen bestehen in Bayern 168 mit 175337 ha, darunter 96446 ha Wald.

Um die Sicherung des Familiengrundbesitzes weiteren Kreisen zu ermöglichen, wurde das Gesetz vom 22. Februar 1855 über die landwirtschaftlichen Erbgüter erlassen. Auf Grund desselben bestehen jedoch nur drei sog. bäuerliche Erbgüter mit 4730 ha. Das Gesetz blieb ohne wirtschaftliche Wirkung.

In bezug auf Steuern ist die bayerische Landwirtschaft nur mit der Grund- und Haussteuer belastet. Nach dem Staatsbudget für die XXVII. Finanzperiode 1904 und 1905 ist die gesamte Grundsteuer jährlich auf 10770000 M. (1902 und 1903 je 11471000 M.) veranschlagt, d. i. 27,06% des gesamten Steueraufkommens zu 39795000 M. Die Haussteuer ist auf dem Lande fast ohne Belang. **Belastung des Grundbesitzes.**

Für die Bedürfnisse der Gemeinden, Distrikte und Kreise werden zur Ergänzung der sonstigen Einnahmen Umlagen nach Prozenten des Steuersolls erhoben. Bei den Gemeinden betrugen im Jahre 1901 die Umlagenprozente 0 bei 516, 1—100 bei 4526, 101—250 bei 2484, 251—500 bei 427 und über 500 bei 44. Die durchschnittliche Distriktsumlage war im Jahre 1901 31,1%. Die Kreisumlagen beliefen sich im Jahre 1905 auf 32,5 bis 45%. Zur Entlastung der Gemeinden und Distrikte wurden in den letzten Jahren weitgehende staatliche Maßnahmen auf dem Gebiete des Armen-, Volksschul- und Straßenwesens durchgeführt.

Ein großer Teil der Landwirte Bayerns ist durch sog. Bodenzinse stark belastet. Die raschere Befreiung von diesen Grundlasten wurde in den letzten Jahren vom Staate eingeleitet. Zu diesem Zwecke wurden bisher von demselben 46000000 M. aufgewendet.

III. Der landwirtschaftliche Betrieb.

A. Bodenbenützung im allgemeinen.

Nach den Ergebnissen der Ermittlung der landwirtschaftlichen Bodenbenützung vom Jahre 1900 umfaßte in Bayern

das Ackerland	2 972 442	ha =	39,18 %	der Gesamtfläche des Königreichs.
„ Gartenland	74 749	„ =	0,99 %	
die Wiesen	1 296 673	„ =	17,09 %	
„ Weiden und Hutungen .	260 731	„ =	3,43 %	
„ Weinberge und Weingärten	24 925	„ =	0,33 %	
„ Forsten und Holzungen .	2 466 553	„ =	32,51 %	
das Öd- und Unland . . .	187 700	„ =	2,47 %	
„ Wegeland, Gewässer ꝛc. .	253 812	„ =	3,35 %	
die Haus- und Hofräume .	49 409	„ =	0,65 %	

Der Ackerbau ist, abgesehen von den südlichen Teilen des Landes, in welchen infolge der Höhenlage und der reichen Niederschläge vor allem der Futterbau zu Hause ist, im ganzen Lande vorherrschend.

Es nehmen in Prozenten der Gesamtfläche der Regierungsbezirke ein:

	Ackerland:	Wiesland:
in Oberbayern	31,5	22,6
„ Niederbayern	43,6	18,1
„ der Pfalz	42,6	9,2
„ „ Oberpfalz	39,3	13,0
„ Oberfranken	41,9	15,3
„ Mittelfranken	45,1	12,9
„ Unterfranken	46,1	8,8
„ Schwaben	32,8	26,9
im Königreiche	39,2	17,1.

Auf je 100 ha Ackerland treffen Wiesen in Oberbayern 71,76 ha, in Niederbayern 41,62 ha, in der Pfalz 21,62 ha, in der Oberpfalz 33 ha, in Oberfranken 36,46 ha, in Mittelfranken 28,59 ha, in Unterfranken 19,11 ha, in Schwaben 82,16 ha und im Königreich 43,62 ha.

In den Alpengebieten Oberbayerns und Schwabens ist der Ackerbau ganz besonders eingeschränkt. Im Allgäu ist fast nur reine Graswirtschaft, die jedoch infolge der intensiven Düngung mit Stallmist, Jauche und Kunstdünger außerordentlich hohe Erträge liefert. Im übrigen Alpengebiet vom Lech bis zur Salzach ist die sog. Egartenwirtschaft, bei der das pflugfähige Land abwechslungsweise zum Getreidebau und zur Grasgewinnung, jedoch ohne Aussaat von Gras oder Kleesamen, benutzt wird. Der Getreidebau wird nach dem Aufbrechen der Grasfläche in der Regel zwei Jahre (Haber oder Wintergetreide, Winter- oder Sommergetreide) betrieben, dann bleibt das Egartenland fünf oder mehr Jahre als reich tragendes Grasland liegen. Von den Vorbergen der Alpen dringt die Egartenwirtschaft weit in die Hochebene hinein, nur muß hier eine Einsaat von Grassamen oder Klee stattfinden, wenn das Land schon im ersten Jahre nach dem Körnerbau eine Futterernte geben soll. Wirtschaftssysteme.

Im Alpengebiete sind natürlich auch von erheblicher wirtschaftlicher Bedeutung die Hochweiden (Alpen, Almen). Je nach der Lage werden Voralpen, Mittelalpen und Hochalpen unterschieden. Die Alpen, welche wegen ihrer besseren Qualität mit Milchvieh betrieben werden, heißen Sennalpen und die für Jungvieh, Stiere 2c. Galtalpen. Alpen gehören oft Genossenschaften oder Gemeinden. Es bestehen für sie Alpordnungen und Alpmeister.

An das Gebiet der Egartenwirtschaft schließt sich das Gebiet des Körnerbaues an, der sich mit wenigen Ausnahmen über das ganze Königreich erstreckt. Der Körnerbau wird entweder in der verbesserten Dreifelderwirtschaft oder auch in der Fruchtwechselwirtschaft betrieben. Bei der Dreifelderwirtschaft findet man folgende Umläufe: 1. Jahr: Mengfutter, Kartoffel, Hackfrucht (gedüngt), 2. Jahr: Winterfrucht, meistens Roggen, 3. Jahr: Gerste oder Haber mit Rotklee, 4. Jahr: Rotklee (gedüngt), 5. Jahr: Weizen und 6. Jahr: Haber oder Gerste, oder 1. Jahr: Brache (gedüngt), 2. Jahr: Winterfrucht, 3. Jahr: Haber oder Gerste, 4. Jahr: Rotklee (gedüngt), 5. Jahr: Winterfrucht, 6. Jahr: Sommerfrucht, 7. Jahr: Mengfutter und Hackfrüchte (gedüngt), 8. Jahr: Winterfrucht und 9. Jahr: Sommerfrucht. Die reine Brache, welche früher noch in manchen Gegenden, namentlich mit Schafzucht, häufiger üblich war, verschwindet immer mehr. Die Brache hat von 1863 bis 1900 um 222 878 ha (47 %) und die Ackerweide von 1878 bis 1900 um 54 742 ha (65,6 %) abgenommen. Im Jahre 1900 umfaßte die erstere noch 251 581 ha und die letztere noch 28 757 ha.

Die Fruchtwechselwirtschaft ist auf den meisten größeren und auch auf nicht wenigen mittleren Gütern Bayerns eingeführt. Dem Getreidebau sind hierbei zumeist rund 50 % des Ackerbaues eingeräumt. Im übrigen sind 20—30 % mit Futter, 10—20 % mit Hackfrüchten und 5—10 % mit Handelsgewächsen bestellt. Unter den Hackfrüchten stehen in erster Linie die Kartoffel und dann die Futterrübe.

An Sonderkulturen kommen mit intensiver Ausnutzung der Bodenkräfte insbesondere feldmäßiger Gemüsebau in Franken und in der Pfalz, der Hopfenbau in Oberbayern, Niederbayern und Mittelfranken, dann Tabakbau in der Pfalz und in Mittelfranken vor.

Das freie Wirtschaftssystem ist vor allem in der Rheinpfalz zu Hause, entsprechend der dortigen großen Zersplitterung des Bodens und hohen Kultur. Infolge Verwendung von vielem Kunstdünger und Kraftfutter liefert der Boden trotz starker Inanspruchnahme reiche Ernten. Mit Getreide, zumeist Roggen, wird rund die Hälfte des Ackerlandes bebaut. In der Vorderpfalz ist viel Tabakbau, dann in einigen Bezirken ein nicht geringer Zuckerrübenbau (ca. 3400 ha) und Frühkartoffelbau zu Hause. Auch mehrere nur mit Gründüngung und Kunstdünger arbeitende viehlose Wirtschaften sind dort zu finden.

Die Bodenbearbeitung stand bis vor nicht langer Zeit in Bayern, wenigstens in den meisten bäuerlichen Betrieben, nicht ganz auf der Höhe. Pflug, zumeist mit dem geraden hölzernen Streichbrett, und Egge kamen fast ausschließlich zur Anwendung. Dank der intensiven Tätigkeit der Organe des landwirtschaftlichen Vereins, der landwirtschaftlichen Wanderlehrer und der Kgl. agrikultur-botanischen Anstalt in Vorträgen und Kursen, sowie durch Vorführung von guten Bodenbearbeitungsgeräten ist in erwähnter Richtung eine entschiedene Besserung eingetreten. Eiserne tiefgehende Pflüge, gute Eggen, Walzen, Kultivatoren finden immer mehr eine größere Verbreitung. Für Verbesserung der Bodenbearbeitung, insbesondere für Anschaffung und Vermittlung guter Geräte, wurden während der Jahre 1897 bis 1904 in den Kreisen ca. 50000 M. aufgewendet. Bodenbearbeitung.

Der sog. Bifangbau, d. i. ein Anbau auf schmalen Beeten, weicht dort, wo er nicht wegen zu schweren und nassen Bodens oder zu seichter Ackerkrumme gerechtfertigt ist, immer mehr dem Breitbeetbau.

Als Dünger wird neben Stallmist und Jauche in dem größten Teile Bayerns viel Kunstdünger verwendet. Durch Frachtermäßigungen[1]), durch zahlreiche von der Agrikultur- Düngerwirtschaft.

[1]) An Düngemitteln wurden auf den Bayer. Staatseisenbahnen im Jahre 1903 im inneren Verkehre 295220 Tonnen und im direkten Verkehre nach Bayern 203639 Tonnen befördert.

botanischen Anstalt, den landwirtschaftlichen Kreis- und Bezirksausschüssen und den Wanderlehrern mit Unterstützung aus öffentlichen Mitteln veranstaltete Düngungsversuche, (Kurse, Vorträge 2c.), sowie durch den genossenschaftlichen Bezug wurde in dieser Richtung äußerst fördernd eingegriffen. Der Gesamtwert des letzteren ist von rund 2900000 M. im Jahre 1896 auf rund 8700000 M. im Jahre 1902 gestiegen. Prämien für Anlage mustergültiger Dungstätten werden mit Staatsunterstützung von den landwirtschaftlichen Kreisausschüssen gewährt.

Die Gründüngung findet immer mehr Verbreitung, namentlich in der Oberpfalz, in der Pfalz, Oberfranken und Mittelfranken. Deren Einführung wird durch Versuche, Zuschüsse und Vorträge gefördert. Es waren mit Lupinen 2c. zum Zwecke des Unterpflügens bestellt im Jahre 1893: 1835 ha und im Jahre 1900: 2894 ha.

Mit Versuchen über Bodenimpfung befaßten sich die Agrikultur-botanische Anstalt und einige Wanderlehrer.

Zur Hebung der Düngerwirtschaft wurden in den Jahren 1897—1904 im ganzen rund 150000 M. aufgewendet.

Maschinenwesen.

Die Zahl der besseren Maschinen und Geräte nimmt in Bayern, und zwar auch bei mittlerem und kleinerem Besitze, stark zu. Es gilt dies namentlich von Getreidereinigungsmaschinen, Mähmaschinen, Sämaschinen, Düngerstreuern, Untergrundspflügen, Exstirpatoren, Heuwendern, Wieseneggen, Zentrifugen, Viehwagen und Motordreschmaschinen. Dreschgenossenschaften wurden gezählt im Jahre 1896: 431 mit 8779 Mitgliedern und im Jahre 1902: 683 mit 16052 Mitgliedern.

Im gemeinsamen Besitze von genossenschaftlichen Vereinigungen und landwirtschaftlichen Bezirksvereinen waren Ende 1902 gegen 3000 landwirtschaftliche Maschinen. Für die Verbreitung guter landwirtschaftlicher Geräte und Maschinen sind die Wanderlehrer, die Organe des landwirtschaftlichen Vereines und die genossenschaftlichen Vereinigungen durch Vorführungen im Betriebe und bei Ausstellungen, durch Vorträge, durch Vermittlung des Bezuges, durch Prämien bei Anschaffungen 2c., tätig. Besondere landwirtschaftliche Maschinenkurse werden an der Kgl. Kreisackerbauschule in Landsberg und vom landwirtschaftlichen Kreisausschusse für Niederbayern in Landshut abgehalten. Im Anschlusse an die Kgl. Akademie für Landwirtschaft und Brauerei in Weihenstephan besteht eine besondere Kgl. Prüfungsanstalt mit Auskunftsstelle für landwirtschaftliche und Brauereimaschinen.

Für Förderung des landwirtschaftlichen Maschinenwesens wurden in den Jahren 1897—1904 aus öffentlichen Mitteln rund 154000 M. verwendet.

Die landwirtschaftlichen Bauten sind in den meisten Teilen Bayerns überwiegend in einem guten Zustande. Vielfach werden sie jedoch, wie auch anderwärts, zu teuer, unter zu geringer Rücksichtnahme auf den Gesamtwert der Anwesen und unter Außerachtlassung der namentlich in den letzten Jahren auf dem Gebiete des landwirtschaftlichen Bauwesens gemachten praktischen Erfahrungen aufgeführt. Um in diesen Richtungen eine Besserung zu erzielen, wurde vom 1. April 1901 an mit staatlicher Unterstützung beim Bayer. Landwirtschaftsrate eine Auskunftsstelle für landwirtschaftliches Bauwesen errichtet, welche bereits eine rege Tätigkeit entwickelt hat. Ferner wurde behufs besserer Ausbildung der beteiligten Personen an der Kgl. Technischen Hochschule in München eine Professur für landwirtschaftliches Bauwesen zu Vorlesungen und Übungen für Architekten, Kulturingenieure und Landwirte geschaffen, dann an den Baugewerkschulen der Unterricht für landwirtschaftliches Bauwesen und an der Kgl. Akademie für Landwirtschaft und Brauerei in Weihenstephan eine besondere Vorlesung hierüber eingeführt. Vorträge über landwirtschaftliches Bauwesen wurden bei Kursen der Wanderlehrer und in Versammlungen der Landwirte gehalten. Bauwesen.

B. Einrichtungen zur Förderung des landwirtschaftlichen Pflanzenbaues.

Zur Förderung des landwirtschaftlichen Pflanzenbaues bestehen neben den Unterrichtsanstalten und Wanderlehrern (vgl. VIII, D), folgende Einrichtungen:

Agrikultur-botanische Anstalt.

1. Die Kgl. Agrikultur-botanische Anstalt in München. In den Wirkungskreis dieser fallen insbesondere die Veranstaltung und Leitung von Anbau- und Düngungsversuchen, die Bearbeitung von Fragen der Boden-, Futter- und Düngerbakteriologie; die Bekämpfung der Pflanzenschädlinge durch Erteilung von Auskunft sowie durch Erforschung der Schädlinge von Kulturpflanzen und ihrer Bekämpfung; die Untersuchung von Saatwaren; die botanische, mikroskopische und bakteriologische Untersuchung der Futtermittel und die Belehrung der Interessenten auf allen einschlägigen Gebieten durch Vorträge, Kurse und Veröffentlichungen 2c.

Für die Untersuchung von Saatwaren und Futtermitteln werden Gebühren erhoben. Im übrigen wird die Beihilfe der Anstalt in der Regel kostenlos gewährt.

Die Anstalt ist zurzeit mit einem Direktor, 6 Assistenten und dem erforderlichen Unterpersonal besetzt, sowie mit Laboratorium, Vegetationshaus und 2 Versuchsfeldern und zahlreichen Versuchsparzellen für Einzelnversuche im Lande ausgestattet. Der Jahresetat der Anstalt umfaßt zurzeit rund 30000 M. Die Anstalt gibt eigene „Praktische Blätter für Pflanzenschutz und Pflanzenkrankheiten“ heraus. In Verbindung mit der Anstalt stehen rund 60 Auskunftsstellen für Pflanzenschutz, verteilt im ganzen Königreiche.

Die Anstalt hat im Jahre 1904 Untersuchungen von Saatwaren 1021 und von Futtermitteln 762 ausgeführt und zahlreiche Auskünfte erteilt.

Saatzuchtanstalt.

2. Die Kgl. Saatzuchtanstalt an der Kgl. Akademie für Landwirtschaft und Brauerei in Weihenstephan. Diese Anstalt hat die Aufgabe, als Mittelpunkt der Bestrebungen zur Züchtung landwirtschaftlicher Kulturpflanzen in Bayern zu dienen und auf die Entwicklung der Saatgutzüchtung hinzuwirken. Die Förderung der Saatgutzüchtung in Bayern geschieht insbesondere durch die Beratung der Saatzucht treibenden Landwirte, sowie durch die Ausführung schwierigerer Ausleseарbeiten und Bestimmungen der Qualitäten der Zuchterzeugnisse, durch die Ausbildung von Pflanzenzüchtern in unentgeltlichen

Unterweisungskursen, durch Veröffentlichungen und Vorträge und durch eigenen Saatzuchtbetrieb. Ferner werden auf den Versuchsfeldern der Anstalt oder im Benehmen mit der Agrikulturbotanischen Anstalt auch anderwärts die bayerischen Züchtungserzeugnisse angebaut und geprüft werden.

Durch die Saatzuchtanstalt sollen namentlich die guten inländischen Getreidesorten veredelt und wieder mehr zur Geltung gebracht werden. Die Anstalt ist mit 1 Oberleiter, 1 Adjunkten, 2 bis 3 wissenschaftlichen Hilfsarbeitern und 1 Diener besetzt. Sie verfügt über ein Laboratorium, ein Versuchsfeld mit Zuchtgarten, eine Produktenhalle mit Dreschtenne, Arbeitszimmer, Keller, Böden rc. Der Jahresaufwand umfaßt zurzeit gegen 13000 M. In Verbindung mit der Anstalt arbeiten dermalen 46 Zuchtstellen.

3. Die Feldversuchsstation Kaiserslautern, welcher die Durchführung neuerer für den Acker- und Pflanzenbau wichtiger Kulturmaßregeln, die Durchführung von Anbau-, Düngungs-, Maschinen- rc. Versuchen und die Abgabe von geprüftem Saatgut obliegt. Die Station verfügt über 18 ha Feld mit den erforderlichen Gebäuden und Inventarien. **Die sonstigen Anstalten.**

4. Die Kgl. Moorkulturanstalt in München mit vier Moorkulturstationen (vgl. VIII, B, 2).

5. Kleinere und auch größere Versuchsfelder bestehen an allen höheren und mittleren landwirtschaftlichen Schulen und auch an mehreren Winterschulen.

6. Sehr zahlreiche Anbau- und Düngungsversuche wurden von den landwirtschaftlichen Wanderlehrern (von 1897 bis 1904 einschließlich 3006 auf Feldern und 759 auf Wiesen), dann von der Kgl. Agrikulturbotanischen Anstalt und von mehreren landwirtschaftlichen Bezirks- und Kreisausschüssen veranstaltet. **Anbau- und Düngungsversuche.**

7. Auf Verbesserung des Saatgutes wird schließlich durch von den landwirtschaftlichen Vereinen veranstaltete Saatgut-Märkte und -Ausstellungen, durch billige Eisenbahntarife für Saatgut, durch genossenschaftlichen Bezug von solchem und **Saatgutmärkte und Saatgut-Ausstellungen.**

durch Herrichtung von Saatgut in den genossenschaftlichen Lagerhäusern einzuwirken gesucht.

Verunkrautung. Vielfach wird in Bayern, insbesondere im südlichen Teile, über die starke Verunkrautung der Felder, vor allem durch Hederich (Raphanus raphanistrum) und Ackersenf (Sinapis arvensis) geklagt. Bis zu einem gewissen Grade ist dieselbe auf die starken Niederschläge zurückzuführen; immerhin könnten die Landwirte entschiedener der Plage entgegentreten. Durch intensive Belehrung in Vorträgen und Flugschriften, durch Verteilung von Prämien für Unkrautvertilgung, durch Bereitstellung von Spritzen, insbesondere durch die Agrikulturbotanische Anstalt, durch Gewährung von Zuschüssen für Spritzen, Getreidereinigungsmaschinen, durch Erlassung von polizeilichen Vorschriften mit Zwang zur Vertilgung besonders schädlicher Unkräuter 2c. 2c. wurde auf Besserung des Mißstandes hingewirkt. Einiger Erfolg ist nicht ausgeblieben.

Für Hebung des Ackerbaues in den vorbehandelten Richtungen wurden im Jahre 1897 bis 1904 aus öffentlichen Mitteln rund 379000 M. aufgewendet.

C. Die landwirtschaftliche Bodenbenutzung im einzelnen.

1. Getreide.

Der Getreidebau ist für den größten Teil Bayerns die wichtigste landwirtschaftliche Bodenbenutzungsart. Von der als Ackerland ermittelten Gesamtfläche zu 2972442 ha waren im Jahre 1900 mit Getreide als Hauptfrucht 1796185 ha = 60,43% bestellt, darunter mit den vier Hauptgetreidearten und Spelz 1777467 ha (1893: 1765263 ha). An der letzteren Fläche für 1900 hatten Anteil:

Oberbayern .	341906 ha	Oberfranken .	170840 ha
Niederbayern	299776 „	Mittelfranken	196167 „
Pfalz . . .	126190 „	Unterfranken .	201519 „
Oberpfalz .	237327 „	Schwaben .	203742 „

Von der Anbaufläche treffen nach der Erntestatistik des Jahres 1904:

auf Weizen :	Winter	264 491 ha	Sommer	25 970 ha
„ Spelz :	„	74 260 „	„	— „
„ Roggen :	„	526 317 „	„	40 493 „
„ Gerste :		— „	„	353 039 „
„ Hafer :		496 031 „		

Mit Nebenfrucht waren bestellt im Jahre 1900 bei Sommerroggen 1117 ha, Sommergerste 2499 ha und Hafer 1418 ha. Gebaut werden hauptsächlich beim Weizen die bewährten Landweizen, insbesondere niederbayerische, dann englische Züchtungen (Square head), beim Roggen einheimische Landsorten (niederbayerische), dann Petkuser, Schlanstädter, Probsteier, schwedischer Staudenroggen u. a., ferner bei Gerste die guten Franken-, Rieser-, niederbayerischen und Lechrainer Gersten.

Der Ertrag von 1 ha in dz war im Durchschnitt der Jahre 1897 bis 1904 einschließlich:

bei Weizen .	14,9	Körner	30	Stroh
„ Spelz . .	17,6	„	31	„
„ Roggen .	14,8	„	33	„
„ Gerste . .	16,1	„	22	„
„ Hafer . .	15,3	„	24	„

Die auf den bayerischen Schrannen unter entsprechender Berücksichtigung der nach Maß (hl) verkauften Getreidemengen berechneten Durchschnittspreise waren für je 50 kg (1 Zentner):

	Weizen (bayer.)	Spelz	Roggen	Gerste	Hafer
im Jahre 1897	9,55 M.	7,05 M.	7,49 M.	8,29 M.	7,44 M.
„ „ 1900	8,45 „	6,21 „	7,66 „	7,87 „	6,91 „
„ „ 1901	8,88 „	6,59 „	7,53 „	7,86 „	7,42 „
„ „ 1902	8,75 „	6,51 „	7,38 „	7,23 „	7,80 „
„ „ 1903	8,44 „	6,64 „	7,34 „	7,05 „	6,70 „

Eine besondere Bedeutung hat in Bayern mit Rücksicht sowohl auf die Landwirte als auch auf die hochentwickelte

Brauerei) der Gerstenbau. Derselbe ist insbesondere in Niederbayern, in der Pfalz und in Unterfranken zu Hause.

Zur Hebung des Gerstenbaues werden namentlich ausgedehnte und sorgfältig vorbereitete Anbau- und Düngungsversuche, Saatgutzüchtungen und periodische Ausstellungen nach bestimmten Programmen durchgeführt. In Verbindung mit der Kgl. Akademie für Landwirtschaft und Brauerei zu Weihenstephan wird eine eigene größere Versuchsbrauerei mit Forschungslaboratorium erbaut, welche sich besonders mit den für die einheimische Gersten- und Hopfenproduktion wichtigen Fragen zu befassen haben wird.

Auch der bayerische Hafer ist sehr geschätzt und kommt viel zur Ausfuhr. Es ist hier insbesondere der Fichtelgebirgs- und Sechsämter Hafer, dann auch der niederbayerische (sog. Waldlerhafer) zu nennen.

2. Hackfrüchte.

Kartoffel. Der Anbau von Hackfrüchten nimmt in Bayern fortgesetzt zu. Es betrug die Anbaufläche im Jahre 1883 407 373 ha, 1893 435 099 ha und 1900 459 792 ha.

Auf Kartoffeln trafen 345 844 ha im Jahre 1904, 333 609 ha im Jahre 1900 gegen 316 361 ha im Jahre 1893 und 299 939 ha im Jahre 1885. Am Kartoffelbau waren im Jahre 1900 beteiligt Oberbayern mit 31 506 ha, Niederbayern mit 35 548 ha, die Pfalz mit 59 118 ha, die Oberpfalz mit 49 122 ha, Oberfranken mit 44 795 ha, Mittelfranken mit 38 640 ha, Unterfranken mit 50 472 ha und Schwaben mit 24 408 ha.

Die Zunahme des Kartoffelbaues steht im Zusammenhang einerseits mit der Abnahme der Brache und anderseits mit der Zunahme der Brennereien. Mit der Ausdehnung des Kartoffelbaues ging eine Steigerung des Ertrages Hand in Hand. Dieser betrug nach der Erntestatistik 1871/80 86 dz, 1881/90 100 dz, 1891/1900 107 dz, 1901 141 dz, 1902 136 dz, 1903 137 dz und 1904 112 dz für 1 ha.

[1]) Vgl. Abschn. V, C.

Der Kartoffelbau wird insbesondere durch Saatgutmärkte, Anbauversuche sowie durch Verteilung und gemeinsamen Bezug guter Sorten gefördert. Angebaut werden insbesondere Magnum bonum, frühe Rosen, Walkersdorfer, Prof. Märker, Prof. Wohltmann, Präs. Krüger, Leo, Aspasia, blaue Riesen 2c.

Der Rübenbau umfaßte im Jahre 1900: 67 310 ha; hiervon trafen 62 689 ha auf Runkelrübe zur Futter- und Samengewinnung und 4546 ha (darunter Pfalz 3370 ha, Oberpfalz 553 ha) auf Zuckerrübe. Der Rübenbau für Samengewinnung ist insbesondere in Oberdorf bei Schweinfurt zu Hause. Rüben.

An feldmäßig gebauten Gemüsen sind zu erwähnen Kraut und Feldkohl mit 29 586 ha, Zwiebel mit 537 ha und Meerrettig mit 527 ha. Der Feldgemüsebau wird namentlich in der Umgebung von Bamberg, Forchheim, Nürnberg, Kitzingen, Würzburg und Frankenthal betrieben. Der Meerrettig ist ein wichtiger Ausfuhrgegenstand. Gemüse.

3. Handelsgewächse.

Die wichtigsten Handelsgewächse sind in Bayern Hopfen und Tabak. Der Anbau der Handelsgewächse ging in den letzten Jahren infolge wenig günstiger Preisgestaltung zurück.

Mit Hopfen waren in Bayern bebaut im Jahre 1893: 26 227 ha und im Jahre 1900: 23 885 ha[1]). Von der letzteren Fläche trafen auf Hopfen.

Oberbayern .	3 636 ha	Oberfranken .	2 357 ha
Niederbayern .	4 879 „	Mittelfranken .	11 115 „
Pfalz . . .	123 „	Unterfranken .	280 „
Oberpfalz . .	1 335 „	Schwaben . .	160 „

Der jährliche Hopfenertrag ist sehr schwankend; so betrug er z. B. im Jahre 1901: 49 463 dz und im Jahre 1902: 135 903 dz. Der Durchschnitt für die Jahre 1897 bis 1904 ergibt 112 779 dz. Der jährliche Hopfenbedarf Bayerns wird auf 60 000 dz geschätzt.

---

[1]) Nach der Schätzung bei der Erntestatistik für 1904: 24 374 ha.

Wie der Ertrag, so sind auch die Preise für Hopfen äußerst schwankend. So waren z. B. die durchschnittlichen Großhandelspreise in Nürnberg für einen Zentner:

im Jahre	1900:	1902:	1903:	1904:	
Markthopfen . .	81,04	78,13	136,87	162,71	M.
Hallertauer . .	95,34	96,37	146,67	179,79	„
Spalter Land .	117,09	114,50	177,78	210,72	„

Die wichtigsten und besten Anbaugebiete für Hopfen sind Spalt und Umgebung, die sog. Hallertau zwischen Pfaffenhofen und Landshut, Hersbruck, Neustadt a. A. und Kinding mit der jeweiligen Umgebung.

Infolge der starken Schwankungen in bezug auf Ernteertrag und Preise ist die Lage der meisten Hopfenbauer keine besonders günstige.

Der Hebung der Verhältnisse des Hopfenbaues wurde in den letzten Jahren seitens der Staatsregierung, der Organe des landwirtschaftlichen Vereins und des in Nürnberg seinen Sitz habenden Deutschen Hopfenbauvereins die größte Aufmerksamkeit zugewendet.

Insbesondere wurden ein besonderer staatlicher Konsulent für Hopfenbau und in den Hopfenbaugegenden mit dem Hopfenbau vertraute 11 landwirtschaftliche Wanderlehrer aufgestellt. Der Konsulent fördert durch Vorträge, Kurse, Versuche, Erprobung und Vorführung von Maschinen den Hopfenbau. Zur Errichtung von Trocken-, Präparier- und Verpackungsanstalten durch Gemeinden und Genossenschaften werden staatliche Unterstützungen gewährt. Für die Beförderung von Hopfenpflückern sind Tarifermäßigungen bewilligt. Hopfenausstellungen werden staatlich unterstützt. In Weihenstephan wird eine besondere Versuchsbrauerei gebaut (vgl. S. 103).

Zur Hebung des Hopfenbaues wurden aus öffentlichen Mitteln in den Jahren 1897 bis 1904 gegen 100000 M. aufgewendet.

Tabak. Am Tabakbau waren im Jahre 1903 10024 Pflanzer mit 2693 ha Fläche, hiervon ca. 2200 ha in der Pfalz und ca. 430 ha in Mittelfranken, beteiligt.

Um die Hebung des Tabakbaues haben sich die beteiligten Kreis- und Bezirksausschüsse sowie Wanderlehrer durch Düngungsversuche, Vorträge und Verteilung von Kulturvorschriften bemüht.

Verdienste um den pfälzischen Tabakbau haben sich auch die Pfälzer Tabakverkaufsgenossenschaft, e. G. m. H., und die Tabakverwertungsgenossenschaft in Ludwigshafen a. Rh. erworben.

Flachs und Hanf.

Der Flachs- und Hanfbau geht immer mehr und mehr zurück. Es waren in Bayern angebaut mit Flachs im Jahre 1893 11810 ha und im Jahre 1900 8294 ha, und mit Hanf im Jahre 1893 1067 ha und im Jahre 1900 593 ha.

Die Bemühungen, das Interesse der Landwirte für diesen Anbau wieder zu heben, blieben bis jetzt ohne Erfolg.

4. Futterbau.

Sowohl der natürliche als auch der künstliche Futterbau nehmen in Bayern fortgesetzt zu.

Wiesen und Weiden.

An Wiesen wurden erhoben im Jahre 1863: 1198531 ha, im Jahre 1878: 1246191 ha, im Jahre 1883: 1275537 ha, im Jahre 1893: 1284462 ha, im Jahre 1900: 1296673 ha, und im Jahre 1904: 1287629 ha. An der Fläche des Jahres 1900 waren beteiligt:

Oberbayern	mit	378594	ha,
Niederbayern	„	195062	„
Pfalz	„	54569	„
Oberpfalz	„	125131	„
Oberfranken	„	107031	„
Mittelfranken	„	97748	„
Unterfranken	„	73976	„
Schwaben	„	264532	„

Die Mehrung der Wiesen ist auf die fortschreitende Kultur der Moore, Weiden und Ödungen, sowie auch auf die Abnahme der Ackerweide zurückzuführen. Die Wiesen sind zumeist zweimähdig, vielfach auch dreimähdig. Bewässerungswiesen sind insbesondere in Franken zu treffen.

An Weiden wurden erhoben:

im Jahre 1900: 46956 ha sog. reiche und 213774 ha geringere,
„ „ 1893: 46019 „ „ „ „ 223267 „ „ .

Der Rückgang der geringeren Weiden ist darin begründet, daß sie vielfach einer besseren Kultur (Wiesen, Obstanlagen, Aufforstung rc.) zugeführt werden. An ungeteilten Weiden waren 106858 ha mit 144327 Berechtigten vorhanden.

Der Vermehrung des Wiesenbestandes und der Verbesserung der Wiesen und Weiden wird durch das kulturtechnische Personal, durch die Kgl. Moorkulturanstalt, durch Abhaltung von Wiesenbaukursen und Vorträgen, durch staatliche Zuschüsse und niedrig verzinsliche Darlehen für Kulturen rc. möglichste Förderung zuteil.

Zur Besserung der Alpwirtschaft (s. S. 23) sind vom landwirtschaftlichen Kreisausschusse von Oberbayern und vom milchwirtschaftlichen Verein im Allgäu sachverständige Alpinspektionen und Alpprämiierungen sowie Zuschüsse für Verbesserungen eingeführt.

Künstlicher Futterbau. Dem künstlichen Futterbau waren neben den Hackfrüchten für Futterzwecke zugewendet:

im Jahre 1900:	1893:	
383389 ha,	367875 ha,	darunter
267870 „	262191 „	Klee und
41472 „	35711 „	Luzerne, insbesondere

in der Pfalz.

Für Hebung des Futterbaues (Wiesenbaukurse, Beschaffung von Sämereien, Anlage von Jungviehweiden, Kultivierung von Ödungen u. dgl., Alpprämierungen rc.) wurden in den Jahren 1897—1904 aus öffentlichen Mitteln rund 400000 Mark aufgewendet.

5. Weinbau.

Die Weinbaufläche Bayerns umfaßte nach der Erhebung vom Jahre 1900 im ganzen 24925 ha[1]), von welchem auf

---

[1]) Nach der Erntestatistik für 1904: 24732 ha, wovon 22288 ha im Ertrage.

die Pfalz 15 997 ha, Unterfranken 8158 ha, Mittelfranken 534 ha, Schwaben 123 ha und auf die Oberpfalz 94 ha trafen.

Der Weinbau steht insbesondere in der Pfalz auf hoher Stufe und nimmt dort fortgesetzt zu[1]). Gebaut wird überwiegend Weißwein; jedoch ist auch der Rotweinbau nicht unbedeutend (zirka 10%). Die Weine aus den Lagen bei Forst, Deidesheim, Ruppertsberg, Königsbach, Wachenheim, Dürkheim, Ungstein usw. sind rühmlichst bekannt.

In Unterfranken nimmt der Weinbau ab[1]). Die aufgegebenen Weinberge werden zumeist dem Obst- und Futterbau zugewendet. Der Grund des Rückgangs sind die ungünstigen Preis- und Absatzverhältnisse sowie der Arbeitermangel. Die besten Weinbergslagen Unterfrankens sind bei Würzburg, Randesacker, Rödelsee, Hörstein rc.

Zur Förderung des Weinbaues bestehen die Kgl. Wein- und Obstbauschule in Neustadt a. H. und die Kgl. Wein-, Obst- und Gartenbauschule Veitshöchheim bei Würzburg. In beiden Schulen werden neben dem Unterrichte an Schüler zahlreiche Kurse für Weinbauern, Küfer rc. abgehalten. Auch der Wanderunterricht wird eifrig betrieben.

Winzervereine bestehen in der Pfalz zirka 20 und in Unterfranken zirka 16. Zum Teil erhielten sie staatliche Vorschüsse und Zuschüsse zur Einrichtung.

Das Reichsgesetz vom 24. Mai 1901, über den Verkehr mit Wein, wird in Bayern mit überall anerkannter Strenge vollzogen.

Während im übrigen die Förderung des Weinbaues in der Pfalz sich auf die Abhaltung von Vorträgen, auf Durchführung von Versuchen, insbesondere zur Bekämpfung von Rebschädlingen, und auf die Herausgabe des Reklamebüchleins „Der Pfalzwein“ durch den Verein für Weinbau und Weinhandel der Rheinpfalz beschränken konnte, war in Unterfranken ein entschiedeneres Eingreifen nötig. Hier wurden mit staatlicher Unterstützung Rebschulen behufs Abgabe von Reben an Winzer an-

[1]) Vom Jahre 1893 bis 1900 hat die Weinbergsfläche in der Pfalz um 2094 ha zugenommen, in Unterfranken dagegen um 962 ha abgenommen.

gelegt, Rebwürzlinge und -Schnittlinge zur Neuanlage von Weinbergen verteilt, Prämien für Musterweinberge gewährt, Kunstdünger, dann Rebspritzen, Kupfervitriol ꝛc. zur Bekämpfung von Schädlingen, Tafeln über solche ꝛc. verteilt. Auch gelangte ein Büchlein: „Frankenwein" zur Ausgabe.

Für Hebung des Weinbaues wurden in den Jahren 1897—1904 aus öffentlichen Mitteln über 100000 Mark aufgewendet.

Reblausherde wurden in den letzten drei Jahren nur in der Umgebung von Kitzingen in Unterfranken entdeckt und mit aller Energie bekämpft. Bis zum Jahre 1904 einschl. hat Bayern im ganzen zur Bekämpfung dieses Schädlings rund 350000 Mark gebraucht.

6. Obst- und Gartenbau.

Der Obst- und Gartenbau Bayerns erfreut sich einer steten fortschrittlichen Entwicklung.

Die Haus- und Obstgärten umfaßten nach der Erhebung über die landwirtschaftliche Bodenbenutzung im Jahre 1893: 73185 ha und im Jahre 1900: 74749 ha.

An Obstbäumen wurden gezählt:

	im Jahre 1878:	1900:	Mehrung:
im ganzen . . .	14720377	22565870	7845493 = 53,3%,
Apfelbäume . .	3433564	6575405	3141841 = 91,5%,
Birnbäume . .	2325162	3448691	1123529 = 48,3%,
Zwetschgen- und Pflaumenbäume	7773954	10741787	2967833 = 38,2%,
Kirschbäume . .	1187697	1799987	612290 = 51,6%.

Von den Obstbäumen trafen im Jahre 1900 auf Unterfranken: 5001673, Oberbayern: 3207964, Pfalz: 2959976, Niederbayern 2948768, Mittelfranken: 2600485, Oberfranken: 2355025, Schwaben: 1903309 und auf die Oberpfalz: 1588670.

Seit der letzten Zählung haben die Obstbäume wieder eine wesentliche Vermehrung erfahren, namentlich wurden mit staatlichen Unterstützungen geeignete Ödländereien und Weiden bepflanzt. Nach einer Sondererhebung wurden in den Jahren 1900—1904 einschl. 1 300 040 Kernobst-, 613 726 Steinobst- und 50 246 Schalenobstbäume gepflanzt.

Von den Maßnahmen zur Förderung des Obst- und Gartenbaues sind zu erwähnen:

1. Beim Kgl. Staatsministerium des Innern ist ein besonderer Konsulent für Obst- und Gartenbau aufgestellt, der durch Abgabe von Gutachten, durch Veröffentlichungen, durch Vorträge, Kurse ꝛc. den Obst- und Gartenbau zu fördern hat.

2. An Schulen bestehen die Kgl. Gartenbauschule Weihenstephan, die Kgl. Wein-, Obst- und Gartenbauschule Veitshöchheim, die Kgl. Wein- und Obstbauschule Neustadt a. H. und die Kgl. Obst- und Weinbauschule in Schönau bei Lindau. An diesen Schulen finden neben dem Unterrichte an Schüler fortgesetzt kürzere Kurse für alle Interessenkreise statt.

3. Für den Wanderunterricht sind in Oberbayern, Niederbayern, in der Pfalz und in Oberfranken je ein und in Schwaben zwei Kreiswanderlehrer im Hauptamte aufgestellt. In Mittelfranken ist der Lehrer für Obstbau an der Kgl. Kreisackerbauschule Triesdorf zugleich Wanderlehrer, und in Oberfranken und Unterfranken sind staatliche landwirtschaftliche Wanderlehrer für Obstbau an den landwirtschaftlichen Winterschulen zu Bamberg und Würzburg. Daneben wirken noch die Lehrer der Obst- ꝛc. Schulen und andere sachkundige Personen im Wanderunterricht.

4. An kürzeren Kursen für Obst- und Gartenbau werden regelmäßig alljährlich abgehalten:
   a) Obstbaukurse für Verwaltungsbeamte, Amtstechniker, Geistliche, Lehrer und andere Interessenten in der Dauer von drei Wochen in Weihenstephan, Neustadt a. H. und in Veitshöchheim;
   b) Obst- und Gemüsebau- sowie Blumenzuchtkurse von drei Wochen an der landwirtschaftlichen Winterschule in Bamberg;

c) Obstbaukurse von drei Monaten und Obstbaumpflegekurse von drei Wochen an der Kgl. Kreisackerbauschule Triesdorf in Mittelfranken;
d) Obstbaukurse von je sechs Wochen an der landwirtschaftlichen Winterschule in Würzburg und an der Wein- und Obstbauschule in Schönau;
e) Baumwärterkurse von vier bis sechs Wochen in Weihenstephan, Landshut, Triesdorf, Bayreuth und Neustadt a. H.;
f) Obstverwertungskurse von zwei bis sechs Tagen an den Schulen zu Neustadt a. H. und Weihenstephan, dann an verschiedenen Orten des Landes;
g) sog. fliegende zwei- bis dreitägige Kurse über Obstbaumpflege in allen Teilen des Landes, gehalten durch die Wanderlehrer.

5. An den Ackerbau- und Winterschulen sowie an den Lehrerbildungsanstalten ist der Unterricht im Obstbau obligatorisch. Die Leistungen der Volksschulen sind ungleich.
6. Die Bepflanzung der gemeindlichen Ödländereien und Wege wird staatlich durch Zuschüsse und niedrig verzinsliche Vorschüsse sowie durch Belehrung mit bestem Erfolg gefördert.
7. Auch für Musterpflanzungen, für Obstverwertungseinrichtungen, für Geräte zur Bekämpfung von Schädlingen, für Verteilung von Edelreisern durch den Landesverband bayerischer Obstbauvereine, für Obstausstellungen, für Obstmärkte, für Baumwärter usw. werden Zuschüsse aus öffentlichen Mitteln gegeben.

An den bayerischen Staatsstraßen zu 6788 km stehen zirka 170000 Obstbäume. In den Jahren 1897—1902 wurden 20216 Stück mit 45144 M. Aufwand gepflanzt.
8. Zur Förderung der Obstverwertung besteht bei der bayerischen Zentraldarlehenskasse in München eine gut wirkende Zentralstelle für Vermittlung der Obstangebote und Nachfragen. Ferner sind an verschiedenen Orten besondere Obstmärkte eingerichtet. Die Verbreitung der

Wanderdörren und Obstpressen nimmt immer mehr zu. Die Errichtung von Lagerhäusern für Sammlung, Sortierung, Verpackung und Verkauf des Obstes wird staatlich unterstützt.

9. An Obstbauvereinen waren in Bayern im Jahre 1896: 430 mit 31 428 und im Jahre 1904: 1061 mit 54 209 Mitgliedern. Die Vereine sind in Kreisverbänden und in einem Landesverband bayerischer Obstbauvereine vereinigt. Dieser wird staatlich unterstützt und macht sich durch Herausgabe von Monatsblättern für Obst- und Gartenbau (Auflage von zirka 42 000) und von anderen Schriften, durch Ausstellung von Obstsortimenten für Kreise und Land, durch Abgabe von Edelreisern, durch Prämiierung mustergültiger Obstanlagen, durch Obstausstellungen u. a. um den heimischen Obstbau sehr verdient.

Für Hebung des Obst- und Gartenbaues wurden aus öffentlichen Mitteln in den Jahren 1897—1904 rund 534000 M. verwendet.

D. Waldwirtschaft.

Von großer wirtschaftlicher Bedeutung für die Landwirtschaft sind die weitausgedehnten bayerischen Forste.

Nach der Aufnahme vom 1. Juni 1900 beträgt die gesamte Forstfläche Bayerns 2 466 553 ha = 32,51 % der Gesamtfläche des Königreichs. Zur Aufforstung geeignet waren außerdem 17 142 ha Ödungen.

Von den Flächen trafen auf:

Oberbayern	502 076	ha	Forstfläche	2415	ha	Ödung
Niederbayern	336 742	„	„	1156	„	„
die Pfalz	231 347	„	„	1567	„	„
„ Oberpfalz	358 264	„	„	4163	„	„
Oberfranken	242 958	„	„	1323	„	„
Mittelfranken	252 110	„	„	2471	„	„
Unterfranken	312 527	„	„	2085	„	„
Schwaben	230 529	„	„	1962	„	„

Von den Forsten sind 837 136 ha Staats-, Staatsanteil- und Kronforste, 307 554 ha Gemeindeforste, 46 481 ha Stiftungsforste, 20015 ha Genossenschafts- und 1 255 367 ha Privatforste. Von den letzteren sind:

in Oberbayern	291 028 ha	in Oberfranken	131 899 ha
„ Niederbayern	264 814 „	„ Mittelfranken	130 241 „
„ der Pfalz	30 306 „	„ Unterfranken	78 299 „
„ „ Oberpfalz	221 814 „	„ Schwaben	106 966 „

Der Ertrag der Privatforste wurde im Jahre 1900 auf 2 105 388 Festmeter Nutzholz, 1 700 492 Festmeter Brennholz und 286 139 Festmeter Stock- und Reisholz, Eichenlohe und Weidenruten erhoben.

Nach der land- und forstwirtschaftlichen Betriebsstatistik vom Jahre 1895 hatten in Bayern von den 663 785 landwirtschaftlichen Betrieben 276 015 = 41,58 % forstwirtschaftlich benutztes Land, und zwar auch der Klein- und Mittelbesitz. Es hatten von den Betrieben bis 10 ha 39,13 %, von 10—50 ha 80,43 %, von 50—100 ha 82,28 % und von 100 ha und darüber 68,76 % forstwirtschaftlich benutztes Land.

Privatwaldwirtschaft.

Namentlich in den 1890er Jahren zeigte sich ein bedeutender Rückgang des Privatwaldes, insoweit er sich im Eigentum kleiner und mittlerer Grundbesitzer befindet. Um dieser bedenklichen wirtschaftlichen Erscheinung entgegenzutreten, wurden die forstpolizeilichen Bestimmungen über Abtrieb und Abschwendung von Waldungen sowie über Wiederaufforstung strenge vollzogen, für Heranzucht von Waldpflanzen in staatlichen Pflanzkämpen und für billige Abgabe der Pflanzen an Private ꝛc. in großem Maßstabe[1]), sowie für die staatliche Unterstützung von Pflanz-

[1]) An Waldpflanzen wurden von der Staatsforstverwaltung an Private, Gemeinden, Stiftungen und Körperschaften abgegeben 1900: 29,4 Mill., 1901: 35,6 Mill., 1902: 46,6 Mill., 1903: 48 Mill., 1904: 47,7 Mill. Durch Gemeinden, Distrikte, landwirtschaftliche Bezirks- und Kreisausschusse wurden für Privatwaldwirtschaft abgegeben und vermittelt an Pflanzen: 1900: 11,3 Mill., 1901: 14,6 Mill., 1902: 16,6 Mill., 1903: 15,8 Mill., 1904: 16,4 Mill. Für die Privatforstwirtschaft waren Ende 1904: 298,53 ha Pflanzgärten und Saatkämpen mit 102 254 000 Pflanzen vorhanden.

gärten landwirtschaftlicher Vereine[1]), Distrikte ꝛc., für Ablassung geschulter staatlicher Kulturarbeiter an Private, für intensive Belehrung der Landwirte über die Bedeutung und den Betrieb einer richtigen Privatwaldwirtschaft und für die staatliche Unterstützung von Waldgenossenschaften und der Aufforstung von Ödungen durch Zuschüsse und niedrig verzinsliche Vorschüsse gesorgt. Mit einem Jahresaufwande von über 100000 M. wurden in den zunächst beteiligten Regierungsbezirken Oberbayern und Niederbayern acht Forstämter, eine Assessorstelle und elf Försterstellen vor allem zur Beaufsichtigung und Förderung der Privatwaldwirtschaft errichtet. Zur Förderung der Privatwaldwirtschaft wurden in den Jahren 1897—1904 aus öffentlichen Mitteln neben dem Aufwande der staatlichen Forstverwaltung für Forstpersonal, für Heranzucht von Waldpflanzen, Heranbildung von Kulturarbeitern u. a. rund 185000 M. aufgewendet.

Die ergriffenen Maßnahmen blieben nicht ohne Erfolg. Es betrugen in den Privatwaldwirtschaften Bayerns:

	1897 bis 1899 einschl.:	1900 bis 31. Mai 1904:
die Abholzungen im Hochwalde	19 466 ha	23 817 ha
die Aufforstungen	17 746 „	32 717 „
die Aufforstungen demnach	— 1 720 ha	+ 8 900 ha.

Bei der Bewirtschaftung der Staatswaldungen wird auf die Bedürfnisse der heimischen Landwirtschaft tunlichste Rücksicht genommen. Dies gilt namentlich von den Nebennutzungen, deren Abgabe für die Landwirte besonders wichtig ist. Es betrug der Geldanschlag der Nutzungen, welche in freier Bewilligung gestattet wurden, z. B. im Jahre 1901 aus der Grasnutzung 227668 M. bei 31971 ha Nutzungsfläche, aus der Weidenutzung 19613 M. bei 31007 ha Weidefläche und aus der Waldstreunutzung 332926 M. für 284104 Ster Streu. In Jahren mit knappen Futter- und Streuvorräten, wie z. B. 1893 und 1904, werden diese Mengen erheblich überschritten. Staatswald.

[1]) S. Fußnote S. 42.

IV. Tierzucht.

A. Pferdezucht.

An Pferden wurden in Bayern gezählt im Jahre 1892: 369035, im Jahre 1900: 386642 und im Jahre 1904: 401073. Von der letzten Zahl trafen auf

Oberbayern .	120280	Oberfranken .	13105
Niederbayern .	79562	Mittelfranken .	36213
Pfalz . . .	40762	Unterfranken .	28086
Oberpfalz . .	20282	Schwaben . .	62783

Die Anzahl der Pferde der landwirtschaftlichen Betriebe betrug nach der landwirtschaftlichen Betriebsstatistik vom 14. Juni 1895: 332800, das ist 86,08 % des am 1. Dezember 1900 gezählten Pferdebestandes, und die Anzahl der landwirtschaftlichen Betriebe mit Pferden war 131373, das ist 22,29 % aller Betriebe mit Nutzvieh. Das Schwergewicht der Pferdehaltung liegt bei dem mittel- und großbäuerlichen Betriebe. Es trafen auf die Betriebe unter 5 ha 7,70 %, von 5—20 ha 45,74 %, von 20—100 ha 44,57 % und von 100 ha und mehr 1,99 %.

Die Pferdezucht wird in Bayern hauptsächlich von bäuerlichen Grundbesitzern betrieben. Größere Privatgestüte sind nur elf vorhanden, und zwar zwei für Vollblut-, sechs für Halbblutzucht und drei für beide Zuchtziele. Die bäuerlichen Züchter züchten zwar der Mehrzahl nach nur zur Deckung des eigenen Wirtschaftsbedarfs, immerhin treibt aber ein nicht kleiner Teil die Zucht zum Zwecke des Verkaufes der Fohlen. Es sind dies namentlich die Züchter des für militärische Zwecke bestimmten edlen Pferdes, des schweren unveredelten Pferdes in Oberbayern und Niederbayern und des starken, aber veredelten Wagenpferdes in Niederbayern.

Die Zucht der Remonten ist insbesondere in den Bezirken Bruck, Pfaffenhofen, Schrobenhausen (Oberbayern), Neustadt a. H., Zweibrücken (Pfalz), Neumarkt (Oberpfalz), Uffenheim, Ansbach (Mittelfranken), Ebern (Unterfranken), Neuburg a. D., Rain (Schwaben) zu Hause. Die Remonten werden entweder von den Züchtern selbst aufgezogen und der Remontekommission zum Ankaufe vorgeführt oder bereits vorher an eine der Fohlenaufzuchtanstalten verkauft oder wenigstens dorthin zur Aufzucht abgegeben. Die Zucht des schweren unveredelten Pferdes wird insbesondere in Oberbayern, Niederbayern und Schwaben betrieben. Die Züchter verkaufen die Pferde zumeist schon als Absatzfohlen zu guten Preisen. Die Zucht dieses Pferdes breitet sich immer mehr aus und verdrängt die Zucht des leichteren edlen Pferdes. Das starke veredelte Wagenpferd wird insbesondere in den Bezirken Miesbach, Tölz, Griesbach, Passau, Vilshofen, vor allem im Rottale in Niederbayern gezüchtet. Die Traberzucht macht besonders im Bezirk Pfarrkirchen, Straubing und neuerer Zeit in der Umgegend Münchens Fortschritte.

Das starke bayerische Pferd ist als Arbeitstier vielseitig brauchbar und gut. Es ist nicht allein im Inlande geschätzt, sondern wird auch in beträchtlicher Zahl nach dem Auslande verkauft. Im bayerischen Gebirge und in den angrenzenden Bezirken ist auch viel das norische Pferd, teils rein, teils verkreuzt, vertreten. In Strichen des Donaumooses und der Pfalz finden sich noch Spuren früher verwendeter orientalischer Hengste.

Landgestütsverwaltung. Die Fürsorge für Verbesserung und Veredelung der Pferdezucht ist in Bayern der dem Staatsministerium des Innern unterstellten Kgl. Landgestütsverwaltung in München überwiesen. Dieselbe hat hierbei, je nach den Verhältnissen der Bezirke, vor allem auf die Züchtung des kräftigen Arbeitspferdes, dann durch Veredelung der Schläge auf die Erzielung eines guten starken Wagen- und Reitpferdes hinzuwirken und auch die Edelzucht durch Aufstellung geeigneter Hengste dort zu fördern, wo die Voraussetzungen hierfür gegeben sind (§ 2 der Kgl. Verordnung vom 8. Juni 1890/7. November 1898).

Der Kgl. Landgestütsverwaltung sind die Kgl. Stammgestüte Achselschwang und Zweibrücken und die Kgl. Landgestüte Erding, Landshut, Zweibrücken, Ansbach und Augsburg unterstellt.

Die Stammgestüte haben die Aufgabe, den Landgestüten Hengste aus eigener Zucht zu liefern, Hengstfohlen für die Landgestüte und, soweit tunlich, auch zur Abgabe an Privatbeschälhalter zu erwerben und rationell aufzuziehen.

Im Stammgestüte Achselschwang standen Ende 1904 3 Hauptbeschäler (1 Schlag II, 2 Schlag III), 3 Hengste für Privatstuten (1 Schlag II, 2 Schlag IV), 62 Zuchtstuten, 75 Hengstfohlen und 55 Stutfohlen. Außerdem waren in der mit Achselschwang verbundenen Fohlenaufzuchtanstalt Stillerhof 144 Fohlen (vgl. S. 48).

Im Stammgestüte Zweibrücken standen Ende 1904 5 Hauptbeschäler (4 Schlag I, 1 Schlag II), 60 Zuchtstuten, 54 Hengstfohlen und 59 Stutfohlen.

Der Hengstbestand der Landgestüte war Ende 1904 in Erding 115, in Landshut 136, in Zweibrücken 46, in Ansbach 89 und in Augsburg 93, im ganzen 479. Hievon waren 371 schwere Hengste, das sind solche des starken Wagenschlages (III) und des schweren Frachtschlages (IV), und 108 leichte Hengste, das sind solche des leichten Reitschlages (I) und des großen und starken Reit- und leichten Wagenschlages (II).

Abgesehen von der Zucht in den zwei Stammgestüten werden die Hengste für die Landgestüte durch Kauf aus der Zucht der Kgl. Hofgestüte Bergstetten und Rohrenfeld mit ca. 80 Mutterstuten, von anderen bewährten bayerischen Züchtern, aus preußischen und ungarischen Gestüten und von Privaten in Norddeutschland, insbesondere Ostfriesland, in England, Österreich-Ungarn und Belgien erworben.

Zurzeit setzt sich der Abstammung nach der vorhandene Hengstbestand in folgender Weise zusammen: Hofgestütshengste 16, Stammgestütshengste 79, Inländer Hengste 100, englische Vollbluthengste 14, arabische Vollbluthengste 1, norddeutsche

Hengste 172, englische (Clysdaler) Hengste 1, Belgier 36, ungarische Hengste 9, österreichische (Pinzgauer, Kärntner) Hengste 52, amerikanische Traber 6 und dänische Hengste 4.

Das **Sprunggeld** für staatliche Hengste beträgt in der Regel 4 M.; für einzelne Hengste von vorzüglicher Beschaffenheit — im Jahre 1904 für 95 — ist ein höheres Sprunggeld festgesetzt.

Die Aufstellung von Hengsten kaltblütiger, unveredelter Schläge ist in erster Linie privaten Hengsthaltern überlassen, wenn auch die Landgestüte solche Hengste haben.

Ein im Privatbesitze befindlicher Hengst darf zur Bedeckung fremder Stuten nur verwendet werden, wenn er vorher durch den Körausschuß untersucht und durch den Körschein als tauglich anerkannt worden ist (Art. 1 des Ges. v. 10. März 1890). Die Ankörung eines Hengstes gilt zunächst nur für den Regierungsbezirk, zu welchem der Körort gehört. Soll ein in einem Regierungsbezirk angekörter Hengst in einem anderen Regierungsbezirke zur Deckung fremder Stuten verwendet werden, so muß vor der Verwendung von einem Körausschusse des letzteren Regierungsbezirks noch festgestellt werden, ob der Hengst seiner Gesamtkörperbeschaffenheit nach dem Stutenmateriale, den Pferdezuchtverhältnissen und der anzustrebenden Zuchtrichtung der betreffenden Gegend entspricht (§ 46 der K. VO. vom 8. Juni 1890/7. November 1898). Körung.

Im Jahre 1904 deckten auf 127 Beschälstationen 511 Landgestütshengste 22408 Stuten und 373 angekörte Privathengste 21040 Stuten, und zwar in:

	Landgestütshengste:	Stuten:	Privathengste:	Stuten:
Oberbayern . . .	120	5338	149	9692
Niederbayern . .	143	6693	107	5402
der Pfalz . . .	47	1757	11	507
der Oberpfalz . .	30	1108	9	323
Oberfranken . .	11	364	—	—
Mittelfranken . .	45	1804	10	427
Unterfranken . .	16	654	12	381
Schwaben . . .	99	4690	75	4308

Es trafen von den

511 Landgestütshengsten	120 mit	4204 Stuten	und von den
373 Privathengsten	14 „	404 „	

auf die Schläge I, II (15,1 %), dagegen

von den Landgestütshengsten	391 mit	18204 Stuten	und
„ „ Privathengsten	359 „	20636 „	

auf die Schläge III, IV (84,9 %).

Zur Förderung des Privatbeschälwesens werden aus den Landgestüten Hengste zu billigerem Preise an Privathengsthalter abgegeben, so z. B. im Jahre 1904 19 Hengste mit 19007 M. Nachlaß am Kaufschilling. Ferner werden anläßlich der Hengstkörungen angekörte Hengste aus Kreis- und Staatsmitteln prämiiert.

Dank dieser Maßnahmen hebt sich die Güte der Privathengste fortgesetzt. So konnten im Jahre 1882 38 % und im Jahre 1904 77,8 % der vorgeführten Hengste angekört werden.

Preisverteilungen. Für vorzügliche Leistungen auf dem Gebiete der Pferdezucht werden alljährlich für bayerische Pferdezüchter unter Leitung der Landgestütsverwaltung Preisverteilungen abgehalten. Hierbei erhalten Preise Privatbeschälhengste, sonstige Hengste im Alter von 1½ bis 3½ Jahren, Stuten im Alter von 1½ bis 4½ Jahren und Mutterstuten. Die Preise für Privatbeschälhengste bewegen sich zwischen 100 bis 500 M. und die für sonstige Pferde zwischen 20 bis 200 M. Neben diesen Preisen aus Staatsmitteln werden auch noch solche aus Kreismitteln gewährt. Im Jahre 1904 wurden im ganzen 24700 M. aus Kreismitteln und 80894 M. aus Staatsmitteln an Preisen genehmigt.

Außer diesen Preiseverteilungen finden noch solche im kleineren Maßstabe beim Zentrallandwirtschaftsfeste, beim Frühjahrspferdemarkte in München, bei einzelnen Kreis- und Bezirksausstellungen sowie beim Remonteankauf für Fohlen statt.

Remontezucht. In erster Linie zur Förderung der Remontezucht wurde im Jahre 1898 beim Kgl. Stammgestüte Achselschwang die Fohlenaufzuchtanstalt Stillerhof errichtet, welche den Zweck hat, den Züchtern edler Pferde das Risiko der Fohlenaufzucht abzunehmen. Für die Anstalt werden alljährlich 50 edle, ca. 6 Monate alte Fohlen im Inlande angekauft, in der Anstalt rationell aufgezogen und nach ca. 3 Jahren, soweit sie als Remonten tauglich sind, an die Militärverwaltung abgegeben. Zur Hebung der Remontezucht bestehen zurzeit 10 Remontezuchtvereine. An die Mitglieder derselben läßt die Militärverwaltung alljährlich ca. 35 gute Zuchtstuten zu wesentlich ermäßigtem Preise ab. Außerdem wird jährlich eine Anzahl vom Militär wegen geringer Gebrechen ausgemusterte Zuchtstuten um je 50 M. an Remontezüchter abgegeben. In den Remontezuchtbezirken werden gelegentlich der Remonteankäufe gute Fohlen mit einem jährlichen Aufwande von ca. 6000 M. prämiiert. Die Qualität der bayerischen Remonten hat sich ohne Zweifel wesentlich gebessert und die Zahl der in Bayern gekauften steigt von Jahr zu Jahr. So wurden von der Militärverwaltung Pferde erworben im Jahre 1897: 246 und im Jahre 1904: 333 Stück. Der Durchschnittspreis der Reitremonten war im Jahre 1904: 918,85 M. und der der Artilleriezugpferde 942,86 M.

Neben der staatlichen Fohlenaufzuchtanstalt Stillerhof bestehen in Bayern noch elf im Besitze von Vereinen befindliche Fohlenaufzuchtanstalten, die sich hauptsächlich mit Edelzucht befaßen. Die Anstalten genießen reichliche staatliche Unterstützungen. **Fohlenaufzuchtanstalten.**

Pferdezuchtvereine sind in Bayern 36 mit rund 9000 Mitgliedern. Der Verein zur Förderung der Pferdezucht in Bayern, die Pferdezuchtvereine für Niederbayern, für die Pfalz und für Schwaben, der Verein zur Förderung der Traberzucht in Bayern und der Verein zur Hebung der Pferdezucht im Sulz- und Schwarzachtale sind als besonders tätig zu nennen. Der erstbezeichnete Verein veranstaltet alljährlich den für die bayerische Pferdezucht wichtigen Frühjahrspferdemarkt in München mit Prämiierung. In erster Linie zur Förderung der Zucht des kräftigen Arbeitspferdes sind sieben Genossenschaften mit ca. 900 Mitgliedern errichtet. **Pferdezuchtvereine.**

Zur Förderung der Pferdezucht (neben dem Aufwande für das staatliche Gestütswesen) wurden im Jahre 1897 bis 1904 rund 1 360 000 M. aufgewendet. **Aufwand.**

Hufbeschlag. Der Besserung des **Hufbeschlages** wird alle Beachtung gewidmet. Der selbständige Betrieb des Hufbeschlaggewerbes ist durch Gesetz vom 1. März 1884 von der Beibringung eines Zeugnisses abhängig. Das Zeugnis wird von einer Prüfungskommission erteilt, die alljährlich mindestens einmal für jeden Regierungsbezirk in der Kreishauptstadt zusammentritt. Diejenigen Hufschmiede, welche eine der staatlichen Hufbeschlaglehranstalten oder die Militärlehrschmiede mit Erfolg absolviert haben und ein Zeugnis hierüber beibringen, brauchen kein weiteres Prüfungszeugnis. Hufbeschlagschulen mit viermonatlichen Kursen bestehen in München an der Kgl. Tierärztlichen Hochschule, in Landshut, Zweibrücken, Regensburg, Nürnberg, Würzburg und Augsburg. Vom Januar 1897 bis Januar 1904 haben rund 1500 Schmiede die Hufbeschlagschulen absolviert. Der Besuch wird durch zahlreiche Stipendien (ca. 15000 M. jährlich) aus Staats-, Kreis-, Distriktsmitteln ꝛc. gefördert. Die besonderen Hufbeschlagprüfungen bestanden in den Jahren 1897 bis 1904 einschließlich rund 1150 Hufschmiede.

An der Lehrschmiede in München ist auch ein besonderer Wanderlehrer für Hufbeschlag, zunächst für Oberbayern, aufgestellt. Kürzere Kurse und Vorträge über Hufbeschlag werden auf dem Lande insbesondere von Tierärzten abgehalten.

B. Rinderzucht.

Im Tierzuchtbetrieb Bayerns steht die Rinderzucht sowohl hinsichtlich Stückzahl wie Kapitalwert an erster Stelle. Am 1. Dezember 1892 waren in Bayern 3 337 978 Stück Rindvieh vorhanden; nach der Viehzählung vom 1. Dezember 1904 dagegen 3 504 608. Auf die einzelnen Regierungsbezirke verteilt sich die Viehzahl folgendermaßen:

Oberbayern .	732 210	Oberfranken .	289 302
Niederbayern .	597 698	Mittelfranken .	338 788
Pfalz . . .	255 091	Unterfranken .	337 196
Oberpfalz . .	372 944	Schwaben . .	581 379

Vom Jahre 1892 bis 1904 hat die Zahl der Viehstücke um 166630 zugenommen. Hand in Hand mit einer Erhöhung der Viehzahl ging auch eine noch anhaltende Wertsteigerung des Viehes. Mit der Zunahme der Bevölkerung und mit dem vermehrten Verbrauch von tierischen Produkten ist das öffentliche Interesse an der Rinderzucht immer mehr gestiegen, welches zu Maßnahmen für Hebung der Rindviehzucht führte. Hierher gehört zunächst die Ausdehnung und Verbesserung des Futterbaues (vgl. S. 35). Einen nicht unwesentlichen Einfluß auf die Hebung der Viehzucht hat ferner das Körgesetz vom 5. April 1888 insofern herbeigeführt, als die Qualität der Bullen verbessert und zwischen diesem und dem weiblichen Material ein der Befruchtung günstigeres Verhältnis hergestellt wurde.

Zur Förderung der landwirtschaftlichen Tierzucht wurde im Jahre 1894 ein Fachmann als „Landesinspektor für Tierzucht" aufgestellt. Einen besonderen Anteil an der Hebung der Rinderzucht haben die Zuchtverbände und Herdbuchgesellschaften. Während im Jahre 1893 nur ein Verband mit 622 Mitgliedern vorhanden war, ist deren Zahl bis zum Jahre 1905 auf 18 mit 30780 Mitgliedern gestiegen. Die Aufgabe der Zuchtverbände besteht in der Erhaltung der für die einschlägigen Zuchtgebiete wirtschaftlich geeignetsten Viehschläge und in der Verbesserung ihrer Nutzleistungen. Die Tätigkeit der Zuchtverbände erstreckt sich daher hauptsächlich auf Regelung der Zuchtstierhaltung, Beschaffung von Bullen bester Abstammung und auch von weiblichem Zuchtmaterial, Körung der besten Zuchttiere, Kennzeichnung der Nachzucht, Führung von Zuchtbüchern, Errichtung von Jungviehweiden und Aufzuchtstationen, Veranstaltung von Tierschauen, Zuchtviehmärkten und Jungviehprämiierungen, Vornahme von Leistungsprüfungen (Probemelken usw.). Die technische Leitung der Zuchtverbände obliegt den Zuchtinspektoren, welchen die Körungen und Nachschauen, Belehrung, Kennzeichnung der Nachzucht, Führung der Zuchtregister, Vermittlung von Vieh, Verwaltung der Jungviehweiden usw., wie auch die Förderung der Kleinviehzucht übertragen sind. Die Anstellung der Zuchtinspektoren unterliegt der Genehmigung des Kgl. Staatsministeriums des Innern. Der Staat gewährt die Mittel für Besoldung. Die Verbände erhalten vom Staate regelmäßige, und für besondere Zwecke (Jungviehweiden, Aufzuchtstationen zc.) auch außerordentliche Zuschüsse. Die Kreise, Distrikte und landwirtschaftlichen Vereine unterstützen die Zuchtverbände gleichfalls durch Zuschüsse.

Neben den Zuchtverbänden bestehen noch 633 Zuchtstiergenossenschaften.

Die alljährlichen Aufwendungen aus öffentlichen Mitteln zur Hebung der bayerischen Rinderzucht sind erheblich. So wurden im Jahre 1904 aus Mitteln der Kreise 148 572 M., der Distrikte 112 828 M., des Landwirtschaftsrates 25 000 M., der landwirtschaftlichen Kreisausschüsse 29 389 M., der landwirtschaftlichen Bezirksvereine 71 140 M. verwendet, wozu 380 000 M. Staatszuschuß kommen, so daß sich der Gesamtaufwand für Hebung der Rindviehzucht im Jahre 1904 auf 766 929 M. belief, gegen 280 000 M. im Jahre 1897.

Um den Absatz von Zucht- und Nutzvieh zu fördern, haben verschiedene Zuchtverbände Zuchtvieh- und Bullenmärkte, sowie sämtliche Nachweis- und Vermittlungsstellen eingerichtet und die Zuchtinspektoren mit deren Leitung betraut. Seit mehr als Jahresfrist unterhält auch der landwirtschaftliche Verband für Schwaben (e. G. m. b. H.) eine Viehvermittlungsstelle, die hauptsächlich an die Geschäftsstelle für Viehverkauf des bayerischen Landwirtwirtschaftsrates in München Schlachtkälber liefert.[1]) In München und Nürnberg sind ferner seit dem Jahre 1903 Viehmarktkassen eingerichtet, welche den direkten Einkauf von Vieh seitens der Metzger durch Besorgung des Geldgeschäftes erleichtern. Durch die immer mehr zunehmende Verwendung von Viehwagen, die Einführung des Handels nach Lebendgewicht und einheitlicher Preisnotierung an den Schlachtviehhöfen ist auch der Viehhandel in reellere Bahnen gelenkt worden.

---

[1]) Im Jahre 1904 rd. 6000 Stück.

An Rinderschlägen sind in Bayern vorhanden:

1. Höhenschläge.

a) Großes Fleckvieh mit hellem Pigment.

Das große Fleckvieh findet sich hauptsächlich in den Bezirken Miesbach, Tegernsee, Tölz und Aibling. Vereinzelt kommt es noch in verschiedenen Stallungen des Landes vor, auch werden Bullen dieses Schlages häufig zur Verbesserung der einheimischen Fleckvieh-Landschläge verwendet. Die günstigsten Lebensbedingungen findet das große Fleckvieh in den Vorgebirgsgegenden. Das Zuchtziel ist die Gewinnung eines schweren, wüchsigen Viehschlages, der auch hinsichtlich Milchertrag und Arbeitsleistung entspricht. Das Gewicht einer ausgewachsenen Kuh beträgt durchschnittlich 700—800 kg, eines 1jährigen Bullen 400—450 kg, eines 4jährigen Bullen 900 bis 1000 kg, eines 4—5jährigen Gangochsen 750—950 kg. Der jährliche Milchertrag schwankt zwischen 2200 und 2500 kg. Kühe mit einem Jahresertrag von 3000 kg und darüber gehören nicht zu den Seltenheiten. Die Förderung des großen Fleckviehes hat sich der Zuchtverband für oberbayerisches Alpenfleckvieh mit dem Sitze in Miesbach zur Aufgabe gemacht. Der im Jahre 1892 gegründete Verband zählte am 1. Januar 1905 1134 (622)[1]) Mitglieder und 4377 (1749) Herdbuchtieren.

Der Absatz von Zuchtvieh ist sehr lebhaft. Der Verbandszuchtviehmarkt in Miesbach (Fastnachtsmontag) und der Genossenschaftsmarkt in Gmund am Tegernsee (September) bieten Gelegenheit zur Erwerbung guten Zuchtviehes. In letzter Zeit wurde auch Zuchtvieh nach Italien, Ungarn und Südwestafrika exportiert.

b) Gelbe, einfarbige Höhenschläge.

Hierher zählt das gelbe Frankenvieh (Scheinfelder, Ellinger) und das Glan-Donnersbergervieh.

---

[1]) Die eingeklammerten Zahlen bedeuten bei allen Verbänden den Stand an Mitgliedern und Herdbuchtieren zur Zeit der Gründung.

Das gelbe Frankenvieh ist seiner hervorragenden Gängigkeit, Ausdauer und Mastfähigkeit wegen sehr beliebt. Auch der Milchertrag ist befriedigend. Nach in jüngster Zeit vorgenommenen Probemelkungen ist der durchschnittliche Milchertrag von Frankenkühen 2450 kg (bei keiner oder nur geringer Arbeitsleistung) und der Fettgehalt im Mittel 3,9 %. Das gelbe Frankenvieh gehört zu den schweren Viehschlägen. Eine 4jährige Kuh wiegt zwischen 500 und 750 kg, ein 3jähriger Bulle 800—1000 kg, ein 4jähriger Ochse 600—850 kg.

Das Zuchtgebiet umfaßt den größten Teil des Regierungsbezirkes Unterfranken, die südlichen und nördlichen Bezirke von Mittel- und den westlichen Teil von Oberfranken, sowie die nördlich der Donau gelegenen Gemeinden des oberbayerischen Verwaltungsbezirkes Ingolstadt. Der Aufzucht von Zugochsen wird besondere Sorgfalt zugewendet. Drei Zuchtverbände mit zusammen 7299 Mitgliedern und 4744 Herdbuchtieren arbeiten an der Förderung des Frankenviehes.

Der Zuchtverband für gelbes Frankenvieh, Abteilung Mittelfranken. Sitz in Gunzenhausen, gegründet im Jahre 1897, zählt 1800 (649) Mitglieder im Besitze von 1954 (792) Herdbuchtieren. Das Zuchtziel ist bei allen drei Verbandsabteilungen für gelbes Frankenvieh die Erzielung eines arbeitstüchtigen, großwüchsigen, leicht mastfähigen und dabei genügend milchergiebigen Viehschlages. Der Verband besitzt die Jungviehweide und Aufzuchtstation Reutberghof bei Gunzenhausen, die fleißig benutzt wird, außerdem unterhält er zwei Zuchtstationen (Frankenberg und Dittenheim). Nutzvieh-, besonders Zugochsenmärkte finden in Scheinfeld, Neustadt a. A., Ellingen und Gunzenhausen statt.

Zuchtverband für gelbes Frankenvieh, Abteilung Unterfranken. Sitz in Würzburg, gegründet im Jahre 1899. Die Zahl der Mitglieder beträgt 4816 (304) mit 2118 (448) Herdbuchtieren. Der Verband hat die Aufzuchtstation und Jungviehweide Pilsterhof bei Brückenau, welche auch von der oberfränkischen Verbandsabteilung und vom unterfränkischen Zuchtverband für Fleckvieh benützt werden. Nutzviehmärkte finden in Würzburg und Schweinfurt und Zuchtviehmärkte insbesondere in Neustadt a. S. (Bartholomäus) statt.

Zuchtverband für gelbes Frankenvieh, Abteilung Oberfranken, mit dem Sitz in Bamberg, gegründet im Jahre 1900. Die vordem bestehenden Zuchtgenossenschaften waren mit der mittelfränkischen Abteilung vereinigt. Die Zahl der Mitglieder ist 683 (349) und die der Herdbuchtiere 712 (341). Für den Absatz, besonders von Gangochsen, kommt der stark beschickte Bamberger Markt in erster Linie in Betracht.

Zu den wertvollen gelben Höhenschlägen gehört auch das Glan-Donnersbergervieh der Pfalz. Das Zuchtziel erstrebt einen milchergiebigen, mastfähigen Schlag. Eine erwachsene Kuh wiegt zwischen 500—600 kg, ein 3jähriger Bulle 750—850 kg. Der Absatz von Zuchtvieh ist sehr lebhaft, namentlich in die Rheinprovinz, nach Hessen, Sachsen und Hannover. Die Förderung des Schlages obliegt dem Zuchtverbande für Glan-Donnersbergervieh in der Pfalz mit dem Sitze in Kaiserslautern, gegründet im Jahre 1898. Derselbe zählte am 1. Januar 1905 1017 (963) Mitglieder mit 2407 (2579) Herdbuchtieren. Der Aufzucht junger Bullen dient die Zuchtstation Schmalfelderhof bei Alsenz, zu der in nächster Zeit eine in Kirchmohr kommen soll. Um dem Jungvieh eine Weide zu sichern, hat der Verband Vereinbarungen getroffen, wonach gegen Weidegeld jährlich 80 bis 120 Stück auf eine Privatweide gebracht werden.

c) Graubraunes Gebirgsvieh (Allgäuer, Murnau-Werdenfelser).

Der Allgäuerschlag findet sich in der südlichen Hälfte des Regierungsbezirkes Schwaben. In neuerer Zeit hat er sich auch in den oberbayerischen Bezirken Weilheim, Garmisch, Schongau und Landsberg, zum Teil auch in Wolfratshausen, und zwar meist auf Kosten des Murnau-Werdenfelser-Schlages eingebürgert. Ziel ist die Zucht von Tieren mit guten Körperformen, hochwertiger Milchergiebigkeit und tunlichster Fleischproduktion. Der durchschnittliche Milchertrag einer mittleren

Kuh stellt sich auf 3091 kg mit einem Fettgehalt von 3,63 %. Es liegen auch mehrfach Einzelleistungen von 5000 kg und darüber vor. Eine abgezahnte Kuh wiegt ca. 500 kg, ein 3jähriger Bulle 700 kg. Besonders begehrt sind die Allgäuer Kälber auf dem Münchener Markt (vgl. S. 52). Die Erkenntnis, daß Molkereibetrieb ohne Viehzucht auf die Dauer untunlich, führte im Jahre 1893 zur Gründung der Allgäuer Herdbuchgesellschaft in Immenstadt. Die Herdbuchgesellschaft hat wohl als erste deutsche Züchtervereinigung bereits im Jahre 1894 mit staatlicher Unterstützung regelmäßige Probemelkungen eingeführt und liegen jetzt bereits die Ergebnisse von 1500 genau festgelegten Jahresleistungen vor. Am 1. Januar 1905 zählte die Herdbuchgesellschaft 808 (170) Mitglieder mit 3632 (507) Tieren. Zur Sömmerung des Jungviehes hat sie vier Alpen, darunter eine für Bullen. Zuchtbullenmärkte finden in Immenstadt, Sonthofen, Kempten und Buchloe statt.

Mit der Verbesserung des graubraunen Gebirgsviehes in Oberbayern befaßt sich der Zuchtverband für einfarbiges Gebirgsvieh in Weilheim, der am 1. März 1901 gegründet wurde und zurzeit 645 (275) Mitglieder mit 2438 (792) Herdbuchtieren zählt.

Vier Zuchtgenossenschaften besitzen eigene Genossenschaftsweiden, wozu im Jahre 1905 zwei weitere kommen. In Landsberg a. L. findet alljährlich in der Karwoche ein größerer Zuchtviehmarkt statt.

Das Gebiet des Murnau-Werdenfelser Viehes ist im Abnehmen begriffen und beschränkt sich zurzeit fast nur noch auf den Bezirk Garmisch. Im übrigen hat der Schlag, besonders seiner gelben Farbe wegen, noch vielfach Anhänger.

d) Bayerisches Rotvieh (Vogtländer, Sechsämter).

Dieses ist ein kleiner bis mittelgroßer, in den oberpfälzischen Bezirken Neustadt W. N., Tirschenreuth, Kemnath, Vohenstrauß und Oberviechtach gezüchteter Viehschlag, dessen Verdrängung durch Fleckvieh vielfach versucht und betätigt wird. Seiner Genügsamkeit und hervorragenden Gängigkeit wegen ist das

Rotvieh jedoch für viele oberpfälzische Bezirke mit mageren Boden- und rauhen klimatischen Verhältnissen wirtschaftlich am besten geeignet. Seine Erhaltung ist daher dringend zu wünschen. Bei den früheren Zugochsenprüfungen der D. L. G. hat sich das Rotvieh wiederholt Preise errungen. Auch seines vorzüglichen Fleisches wegen verdient das Rotvieh den Vorzug unter den meisten deutschen Höhenschlägen. Eine ausgewachsene Kuh wiegt 500 kg, eine 2jährige Kalbin 400 kg, ein neugeborenes Kalb 38 kg, ein 4jähriger Ochse 600 kg.

Der Zuchtverband für bayerisches Rotvieh, mit dem Sitze in Weiden, gegründet im Jahre 1898, verfolgt das Ziel, den wertvollen Viehschlag zu erhalten und zugleich in seinen wirtschaftlichen Nutzleistungen, namentlich im Gewicht, zu verbessern. Er zählt 760 (143) Mitglieder mit 1032 (725) Herdbuchtieren und besitzt die Jungviehweide und Aufzuchtstation Almesbach bei Weiden, mit der eine Zuchtstation für das bayerische Landschwein verbunden ist. Zur Verbesserung des Rotviehes hat der Verband vor einigen Jahren Devonbullen aus England eingeführt, deren Nachkommen bessere Muskelfülle sowie kräftigere Knochen aufweisen und futterdankbarer sind als die reinen Vogtländer. Die Rotviehochsen sind so begehrt, daß die Nachfrage nicht gedeckt werden kann.

e) Kelheimervieh (Braunblässen).

Dieser Viehschlag war früher in der Oberpfalz und Mittelfranken sowie in den nördlichen Teilen von Ober- und Niederbayern sehr verbreitet. Zurzeit findet er sich nur noch in den oberpfälzischen Bezirken Amberg, Beilngries, Neumarkt und Parsberg. Als Zuchtziel gilt die Heranzüchtung eines gesunden, widerstandsfähigen, mittelschweren, in erster Linie arbeitstüchtigen, dabei auch mastfähigen und milchergiebigen Viehschlages. Eine abgezahnte Kuh wiegt durchschnittlich 450—500 kg, ein 3jähriger Bulle 625 kg, ein 4jähriger Ochse 525—625 kg. Auch das Kelheimervieh stellt einen den wirtschaftlichen und Bodenverhältnissen angepaßten Viehschlag vor, der sich mit wenig Futter begnügt, im Gegensatz zum Rotvieh aber ein gehaltreicheres beansprucht, das der heimatliche Boden auch hervorbringt. Die früher bestehenden Zuchtgenossenschaften für Kelheimervieh wurden im Jahre 1904 zu einem **Zuchtverbande** mit dem Sitze in Weiden vereinigt.

Der Verband zählt 367 (344) Mitglieder und 320 (268) Herdbuchtiere. Für Aufzucht junger Bullen steht die Station Almesbach zur Verfügung.

f. Pinzgauer.

Das Pinzgauer Rind findet sich im südöstlichen Oberbayern in den Bezirken Berchtesgaden, Laufen, Traunstein und zum Teil Rosenheim. Früher wurde der Wert der Pinzgauer von Form und Farbenabzeichen abhängig gemacht. Nunmehr hat der Zuchtverband die wirtschaftlichen Eigenschaften in den Vordergrund gerückt. Das Pinzgauer Rind ist als Milch-, Mast- und Zugtier gleich hoch geschätzt. Der durchschnittliche Jahresmilchertrag einer Pinzgauer Kuh beträgt 2500 kg mit einem Fettgehalt von 3,6 %. Eine abgezahnte Kuh wiegt im Mittel 600 kg, ein 3 jähriger Bulle 800—900 kg, ein 4 jähriger Ochse 700—1000 kg. Die Arbeitstüchtigkeit der Pinzgauer ist bekannt. Die Förderung des Schlages obliegt dem **Zuchtverbande für Reinzucht des Pinzgauer Rindes in Oberbayern** in Traunstein, gegründet im Jahre 1896, der zurzeit 1237 (663) Mitglieder und 1951 (1479) Herdbuchtiere zählt. Der Verband unterhält die Bullenaufzuchtstation Hochberg bei Traunstein, mit der eine Ziegenzuchtstation verbunden ist. Regelmäßige Viehmärkte finden in Graßau, Laufen, Marquartstein, Prien, Rosenheim, Teisendorf, Traunstein, Tittmoning und Waging statt.

g. Kleines, geflecktes oder rückenbläßiges Höhenvieh.

Hierher gehört das alte ober- und niederbayerische Landvieh „Rückenschecken“ oder „Rickeln“, das in seiner ursprünglichen Form nur noch in einigen Bezirken Niederbayerns vorkommt.[1]) Der Schlag wird durch Bullen des großen oder mittelgroßen Fleckviehs zu verbessern gesucht.

---

[1]) Auf der Ausstellung in München nicht vertreten.

h. Ansbach-Triesdorfer. Mittelgroßes Fleckvieh mit ausgesprochenem Simmentaler Charakter.

Der früher zum Niederungsvieh oder zu Mischlingen von diesem und dem Höhenfleckvieh gezählte Ansbach-Triesdorfer-Schlag gehört eigentlich zum Höhenvieh. Hervorgegangen aus einer Kreuzung des alteingesessenen, kleinen, blässigen Viehes zuerst mit Ostfriesen und Holländern, später mit Berner- und Freiburgerbullen, entstand ein Kulturschlag, der seiner Gängigkeit und Milchergiebigkeit halber sehr beliebt war und nicht nur in Mittelfranken, sondern weit über dessen Grenzen hinaus gezüchtet wurde, bis er durch Kreuzung mit Scheckvieh Simmentaler Charakters immer mehr in diesem aufging. Zurzeit ist das eigentliche Zuchtgebiet sehr eng begrenzt, es umfaßt das Bezirksamt Ansbach sowie mehrere Gemeinden der Ämter Rothenburg, Feuchtwangen, Hersbruck und Nürnberg. Nur mehr „Tiger" werden als echte Ansbach-Triesdorfer angesehen.

Mittelgroßes Fleckvieh mit ausgesprochenem Simmentaler Charakter.

Das in allen bayerischen Regierungsbezirken, vom oberbayerischen Alpenfleckviehgebiete abgesehen, früher und zum Teil jetzt noch vorhandene kleine, gefleckte, rückenblässige oder einfarbige Landvieh wird mit aus Miesbach und Baden, zum Teil auch aus der Schweiz bezogenen Bullen zu verbessern gesucht. Meist werden jedoch Bullen verwendet, welche aus diesen Kreuzungsprodukten in den betreffenden Zuchtgebieten selbst herangezogen werden.

Die Bestrebungen nach Verbesserungen der scheckigen Landschläge sind älteren Datums in Oberfranken und Schwaben, jüngeren in Mittelfranken und in der Pfalz und neuesten in Ober- und Niederbayern, in der Oberpfalz und in Unterfranken.

Mit der Förderung der Zucht des mittelgroßen Fleckviehes mit ausgesprochenem Simmentaler Charakter befassen sich in Bayern nachstehende Zuchtverbände:

1. Zuchtverband für Fleckvieh in Schwaben mit dem Sitz in Donauwörth, gegründet im Jahre 1897,

mit 4439 (636) Mitgliedern, einschließlich von 2463 Mitgliedern der Zuchtstiergenossenschaften, und mit 1623 (542) Herdbuchtieren. Der Verband besitzt die Jungviehweide Pfaffenhofen a. Z.

2. Die Herdbuchgesellschaft für Bayreuther Scheckvieh mit dem Sitz in Bayreuth, gegründet im Jahre 1898, mit 821 (211) Mitgliedern und 1256 (466) Herdbuchtieren.

3. Der Zuchtverband für Fleckvieh in Mittelfranken mit dem Sitz in Ansbach, gegründet im Jahre 1898, mit 2470 (894) Mitgliedern, wovon 1008 bei den Zuchtstiergenossenschaften, und mit 1182 (596) Herdbuchtieren.

4. Der Zuchtverband für Fleckvieh in Niederbayern mit dem Sitz in Landshut, gegründet im Jahre 1898, mit 7223 (270) Mitgliedern, wovon 6806 in Zuchtstiergenossenschaften, und mit 1203 (656) Herdbuchtieren. Die Körung wird in beschränktem Maße seit dem Jahre 1901 betätigt.

5. Der Zuchtverband für Fleckvieh in der Pfalz mit dem Sitz in Landau, gegründet im Jahre 1899, 768 (653) Mitglieder mit 1788 (1022) Herdbuchtieren.

6. Der Zuchtverband für Fleckvieh in Unterfranken mit dem Sitz in Aschaffenburg, gegründet im Jahre 1901, mit 798 (607) Mitgliedern und 326 Herdbuchtieren. Körung wird seit dem Jahre 1904 vorgenommen.

7. Der Zuchtverband für Fleckvieh in Oberbayern mit dem Sitz in Mühldorf, gegründet im Jahre 1903, mit 449 Mitgliedern und 654 Herdbuchtieren.

8. Der Zuchtverband für Fleckvieh in der Oberpfalz mit dem Sitz in Weiden, gegründet im Jahre 1904, mit 553 (313) Mitgliedern und 288 (203) Herdbuchtieren.

2. Tieflandschläge.

Schwarzbunte Tieflandrinder, Breitenburger und Angler finden sich zerstreut in einigen größeren Wirtschaften des Landes und werden dort vereinzelt auch zur Zucht benützt. Für die Landesviehzucht kommt denselben jedoch keine Bedeutung zu.

3. Shorthorn.

Im Bezirke Homburg in der Pfalz betreiben einige Gemeinden die Zucht der Shorthorns zu Mastzwecken, wofür die reichlich vorhandenen Brennereien genügend Schlempe liefern.

C. Kleinviehzucht.

1. Schafzucht.

Mit der Zunahme des Futterbaues und der Kultivierung von Ödländereien, sowie infolge von Aufforstungen ist die Schafzucht in Bayern immer mehr zurückgegangen. Während im Jahre 1892 noch 968414 Schafe vorhanden waren, betrug deren Zahl nach der Viehzählung vom 1. Dezember 1904 nur mehr 680090. Am verbreitetsten sind das Bastardschaf (über das ganze Land zerstreut), das Frankenschaf (hauptsächlich in Mittelfranken) und das Rhönschaf (in Unterfranken). Die in den einzelnen Regierungsbezirken noch vorhandenen und oft schwer kultivierbaren Ödländereien lassen die Schafzucht in den betreffenden Gegenden wirtschaftlich berechtigt erscheinen und erfährt sie hier auch aus öffentlichen Mitteln Unterstützung.

2. Schweinezucht.

Die Schweinezucht gewinnt immer mehr an Bedeutung. Im Jahre 1892 waren nur 1358744, im Jahre 1900 1757156 und am 1. Dezember 1904 1857661 Schweine vorhanden. Die weitaus größte Verbreitung hat das veredelte Landschwein, ihm folgt das weiße Edelschwein und zuletzt das unveredelte Landschwein. Für die Zucht des veredelten Landschweines sind Stationen eingerichtet: bei dem Spitalgut Landsberg a. L. die Station Pössing, bei der Kreisackerbauschule Schönbrunn bei

Landshut, bei den Gutsbesitzern Franck jr. in Langmeil (Pfalz), Sutter in Vollmersweiler (Pfalz) und Fertig in Eichenfürst bei Marktheidenfeld (Unterfranken).

Das weiße Edelschwein wird gezüchtet auf dem Staatsgute Weihenstephan bei Freising, von dem Gutspächter Ökonomierat Berger in Weißenkirchen bei Adelschlag und dem Gutsbesitzer Streng in Aspachhof bei Uffenheim (beide in Mittelfranken), dem Gutsbesitzer Ökonomierat Bayer in Günzburg. Die Zuchtstation für das unveredelte Landschwein ist mit der Bullenaufzuchtstation Almesbach bei Weiden verbunden und Eigentum des Zuchtverbandes für bayerisches Rotvieh.

Aufgabe dieser Stationen ist die Produktion und Abgabe bester Zuchttiere, besonders von Ebern an bayerische Züchter, Eberhaltungsgenossenschaften usw. Die Eber des weißen Edelschweins werden sehr häufig nicht zur Reinzucht, sondern zur Kreuzung mit veredelten Landschweinen oder reinen Landschweinen benützt. Die Stationen bestehen noch zu kurze Zeit, um schon hervorragende Erfolge aufweisen zu können. Mit der Hebung der Schweinezucht, namentlich durch Aufstellung guter Eber, befassen sich in Bayern noch 6 Schweinezucht- und 455 Eberhaltungsgenossenschaften sowie 260 Eberstationen. Seit dem Jahre 1903 ist mit der Rinderschau beim Zentrallandwirtschafsfest in München auch eine Schweineausstellung verbunden.

Für Hebung der Schweinezucht wurden aus öffentlichen Mitteln in den Jahren 1897—1904 rund 230000 M. aufgewendet.

3. Ziegenzucht.

Die Ziegenzucht ist in stetem Aufschwung begriffen. In vielen kleineren Wirtschaften ist die Ziege an Stelle des Schafes getreten. Auch größere Wirtschaften halten jetzt Ziegen, deren Milch der Ferkel-Aufzucht dient. Es wurden an Ziegen gezählt im Jahre 1892: 268471, im Jahre 1900: 274575 und am 1. Dezember 1904: 284728. Die Ziegenschläge gehören der Land-, Rhön-, Frankenwald- und Saanenziege an, vereinzelt findet man auch die Sebnitzer- und Toggenburger Ziege. Mit der Zucht der Rhönziege befaßt sich besonders die Station Dreistelzhof bei Brückenau und der Ziegenzuchtverein Bischofsheim v. d. Rhön, mit der Zucht der Frankenwaldziege die Ziegenzuchtvereine Teuschnitz und Wattendorf, die Station Unterklingensporn bei Naila und die Zuchtstation Hochberg bei Traunstein (rehfarbige Gebirgsziege), und mit der Zucht der Saanenziege der Ziegenzuchtverein Lauingen sowie mehrere pfälzische Vereinigungen. Auch in der Ziegenzucht macht sich immer mehr der genossenschaftliche Zusammenschluß geltend. Der Landesinspektor für Tierzucht hat Normalsatzungen für Genossenschaften hinausgegeben. Zur Zeit bestehen in Bayern 17 Ziegenzuchtgenossenschaften, 56 Ziegenbockhaltungsgenossenschaften und 75 Ziegenbockstationen. Aus öffentlichen Mitteln wurden in den Jahren 1897—1904 rund 21000 M. für Hebung der Ziegenzucht aufgewendet.

D. Geflügelzucht.

Die Geflügelzucht wird in Bayern von den Landwirten mit wenigen Ausnahmen immer noch nur als Nebenbetrieb von mehr untergeordneter Bedeutung behandelt, obwohl derselbe bei der großen Nachfrage der Städte nach Erzeugnissen der Geflügelzucht in vielen Gegenden ganz erhebliche Einnahmen bringt. Ein Fortschritt auf dem Gebiete der landwirtschaftlichen Geflügelzucht läßt sich für verschiedene Bezirke nicht in Abrede stellen, aber den erwünschten Grad hat derselbe noch nicht erreicht.

Bei der am 1. Dezember 1900 vorgenommenen Zählung wurden in Bayern erhoben: Gänse 878246, Enten 163280, Hühner 8047232, Truthühner 17515, Perlhühner 5611, Federvieh überhaupt 9111884.

Die meisten Gänse haben Oberpfalz und Oberfranken, die meisten Enten Schwaben und Pfalz und die meisten Hühner Oberbayern und Niederbayern.

Die inländische Erzeugung an Geflügel und Eiern bleibt weit hinter dem Bedarfe zurück. Infolgedessen ist auch die Einfuhr alljährlich eine ganz erhebliche.

Auf den Bayerischen Staatseisenbahnen betrug beim lebenden Geflügel

im Wechselverkehr	1901	1902	1903	
der Empfang . .	954 535	1 421 768	1 661 210	Stück
der Versand . . .	100 167	192 114	317 402	"
der innere Verkehr	349 637	404 836	504 664	"

Sehr viel Geflügel wird in geschlachtetem Zustande eingeführt.

Um die Hebung der Geflügelzucht sind in Bayern zunächst die Geflügelzuchtvereine bemüht. An solchen wurden im Jahre 1902 gezählt 177 mit 15 781 Mitgliedern.

Die Mehrzahl der Vereine gehört dem Verband bayerischer Vereine für Geflügelzucht, mit dem Sitze in Ansbach, an.

Zur Hebung der Geflügelzucht sind mit staatlicher Unterstützung von genanntem Verbande Stammzuchtstationen eingerichtet, und zwar ca. 400 für Hühner, ca. 50 für Gänse und 120 für Enten.

Die Stationen werden durch Landwirtschaftslehrer, Zuchtinspektoren und Tierärzte überwacht.

Neben den Stammzuchtstationen waren auf die Einführung besserer Nutzgeflügelrassen die von vielen Geflügelzuchtvereinen und auch von landwirtschaftlichen Bezirksausschüssen durchgeführten Verlosungen und Verteilungen von Stämmen und Bruteiern sowie die Vermittlung des Bezugs solcher von Einfluß.

Geflügelzuchtkurse werden an der Kgl. Tierärztlichen Hochschule und an der Wirtschaftlichen Frauenschule in Geiselgasteig bei München, dann von verschiedenen Geflügelzuchtvereinen abgehalten.

Im übrigen wurde für Belehrung durch Vorträge in Versammlungen, durch Veröffentlichungen in dem Wochenblatte des Landwirtschaftlichen Vereins und im Organe des Landesverbandes bayerischer Geflügelzuchtvereine, dem „Allgemeinen bayerischen Tierfreunde“, dann durch Verteilung des vom Landesverbande herausgegebenen „Leitfadens zum praktischen Betriebe der landwirtschaftlichen Geflügelzucht in Bayern“ Sorge getragen.

Prämien für musterhafte Geflügelhaltungen und für Buchführungen hierüber verteilen einige Kreisverbände, insbesondere in Oberfranken und Schwaben.

Die Anwendung künstlicher Ausbrütung hat sich bis jetzt nur selten eingebürgert, obgleich das Kgl. Staatsministerium des Innern bezügliche Bestrebungen der Vereine durch Zuschüsse unterstützt.

An Geflügelausstellungen finden alljährlich zahlreiche Orts-, Bezirks- und Kreisausstellungen statt. Der Landesverband verteilt für verdienstvolle Leistungen auf dem Gebiete der Geflügelzucht Medaillen.

Die genossenschaftliche Verwertung von Erzeugnissen der Geflügelzucht, insbesondere von Eiern, wird in Bayern von acht Genossenschaften betrieben. Der milchwirtschaftliche Verein in Niederbayern und die niederbayerische Butterabsatzgenossenschaft nehmen sich in neuerer Zeit lebhaft des gemeinsamen Eierabsatzes an. Sammelstellen für Eierverkauf richteten der Kreisverband für Oberbayern in München und der für Schwaben in Augsburg ein.

Zurzeit wird in Erding vom Kreise Oberbayern mit staatlicher Unterstützung eine Lehr- und Muster-Geflügelzuchtanstalt errichtet, welche namentlich durch Erprobung der Geflügelrassen, durch Versuche und durch Abhaltung von Lehrkursen die Geflügelzucht fördern soll.

Aus öffentlichen Mitteln wurden zur Förderung der ländlichen Nutzgeflügelzucht während der Jahre 1897—1904 einschl. rd. 84000 M. aufgewendet.

E. Fischzucht.

Bayern hat in seinen vielen Seen und fließenden Gewässern einen reichen und wertvollen Fischbestand. An wertvolleren Fischen haben die Donau und ihre Zuflüsse den Huchen (Salmo hucho), den Schill (Luciopera sandra) und den Hecht (Lota vulgaris); der Rhein und seine Zuflüsse den Lachs (Salmo salar), den Schill, Hecht, Aal (Anguilla fluviatilis); die Seen den Saibling (Salmo salvelinus), die Seeforelle (Trutta lacustris), verschiedene Koregonen, wie die Renke (Coregonus Wartmanni), die Bodenrenke (Coregonus fera), den Kilch (Coregonus hiemalis); die verschiedenen Bäche die Forellen (Trutta faris), die Äsche (Thymallus vulgaris) und die neueingeführten Fische Bachsaibling (Salmo fontinalis) und Regenbogenforelle (Salmo irideus) u. a.

An Teichen sind in Bayern rd. 25000 mit 13900 ha. In den Teichen wird insbesondere Karpfenwirtschaft betrieben. Als Beisatzfische gelangen Hecht, Zander, Forellenbarsch und Regenbogenforelle zur Verwendung.

Die künstliche Fischzucht und die Teichwirtschaft erfreuen sich einer fortgesetzten fortschrittlichen Entwicklung. Ein Rückgang zeigt sich dagegen bei der Fischerei in größeren fließenden Gewässern infolge der Korrektionen und der zunehmenden Verunreinigung.

Im Interesse der Förderung der Fischerei sind die Kgl. Staatsregierung und die zahlreichen Fischereivereine, vor allem der bayerische Landesfischereiverein, tätig.

Von den ergriffenen Maßnahmen sind insbesondere zu erwähnen:

1. Die Aufstellung eines staatlichen Konsulenten für Fischerei beim Kgl. Staatsministerium des Innern, der durch Abgabe von Gutachten, durch Veröffentlichungen, Vorträge, Kurse ꝛc. ꝛc. zu wirken hat.
2. Die Errichtung einer Kgl. biologischen Station für Fischerei an der Kgl. Tierärztlichen Hochschule dahier zur Durchführung wissenschaftlicher Untersuchungen, insbesondere auf dem Gebiete der Fischkrankheiten, der Fischernährung und Flußverunreinigung, dann zur Erteilung bezüglicher Auskünfte ꝛc.
3. Unterricht über Fischerei und insbesondere über künstliche Fischzucht und Teichwirtschaft wird an den meisten landwirtschaftlichen Schulen, an den Forstschulen und an der Kgl. Tierärztlichen Hochschule erteilt. Mehrtägige Fischerei-

kurse werden alljährlich vom bayerischen Landesfischereiverein in München, dann von verschiedenen Kreisfischereivereinen abgehalten.

4. Anstalten für die künstliche Fischzucht bestehen in allen Kreisen in erheblicher Zahl. Insbesondere zu nennen ist die sehr gut eingerichtete Anstalt des Bayerischen Landesfischereivereins in Starnberg, welche zurzeit alljährlich ca. 500000 Eier, 200000 Stück Brut- und 50000 Stück Jährlinge produziert und zugleich als Lehr- und Versuchsanstalt dient.

5. Fischereiausstellungen werden mit Unterstützung aus öffentlichen Mitteln alle Jahre von vielen Bezirksfischereivereinen ausgeführt.

6. In fließenden Gewässern wird darauf gesehen, daß die Fischerei durch die Korrektionsbauten möglichst wenig Schaden leidet, daß insbesondere die Altwasser offen bleiben und als Schonreviere betrieben werden, sowie daß an den Wehren gute Fischwege zur Anlage gelangen. Alljährlich finden sachverständige Bereisungen der Flußgebiete unter Zuziehung von Vertretern der Fischer statt.

7. Die Flüsse und Seen erhalten fortgesetzt reichliche Besetzungen mit Brut und Jährlingen. Die für die Fluß- und Seengebiete sich bildenden wirtschaftlichen Vereinigungen von Berufsfischern werden staatlich unterstützt.

8. Zur Hebung der Teichwirtschaft werden Musterbetriebe eingerichtet und prämiiert.

Durch die Krebspest wurden auch in Bayern fast alle Gewässer ihres Krebsbestandes beraubt. Nachdem im Jahre 1898 der Leiter der Kgl. biologischen Station für Fischerei in München den Erreger der Krebspest als bacterium pestis artaci entdeckt hatte und die Krebspest in den meisten bayerischen Gewässern als erloschen gelten konnte, wurde ein großer Wiederbevölkerungsversuch der früher äußerst krebsreichen Altmühl gemacht. Der Ausfall desselben wird für das weitere Vorgehen maßgebend sein. Krebszucht.

Perlmuschel. Versuche zur Hebung der Zucht der in den Bächen des Bayerischen Waldes und des Fichtelgebirges vorkommenden echten Perlmuschel (Margaris margaritifera) werden zurzeit im Bayerischen Walde gemacht.

Aufwand. Zuschüsse aus öffentlichen Mitteln werden insbesondere für Fischereilehrkurse, für Besetzungen von Flüssen und Seen, für Teichanlagen auf Ödungen, Kultivierung von Teichen, für Prämiierung von Teichwirtschaften, für Errichtung von Absatzgenossenschaften und von Fischzuchtanstalten, für Ausstellungen, für Prämien bei Erlegung von Fischottern, Reihern ꝛc. gegeben. Im ganzen wurden in den Jahren 1897—1904 einschließlich rd. 220000 M. für Förderung der Fischerei aufgewendet.

Vereine. Die Zahl der Fischereivereine ist von 100 mit 8098 Mitgliedern im Jahre 1896 auf 169 mit 11200 Mitgliedern im Jahre 1902 gestiegen.

Gesetzgebung. Polizeilich ist die Fischerei durch die Landesfischereiordnung vom 4. Oktober 1884 und die Kreisfischereiordnungen, dann für den Bodensee durch besondere auf Vereinbarung der Uferstaaten beruhende Vorschriften geregelt. Diese Bestimmungen schreiben für die wichtigeren Fische Individualschonzeiten und Mindestschonmaße mit Marktverboten vor und enthalten verschiedene Einschränkungen bezüglich der Fangarten und Fanggeräte, des Einlassens von Enten und der Fischereiausweise. Die Erlassung eines besonderen Fischereigesetzes ist in Vorbereitung.

F. Bienenzucht.

Die Bienenzucht hat in den letzten Jahren sowohl ihrer Ausdehnung als auch der Art ihres Betriebes nach einen großen Aufschwung genommen. Es wurden in Bayern an Völkern gezählt:

	in Stöcken mit bewegl. Waben:	sonstige Stöcke:	Gesamtzahl:
1892 . .	99982	172367	272349
1900 . .	171787	220611	392398
Mehrung .	71805	48244	120049
	= 71,82%	= 27,98%	= 44,08%

Im Vergleich zur Bevölkerung trafen im Jahre 1900 auf je 1000 Einwohner in Schwaben 84, in Niederbayern 74, in Oberbayern 70, in der Oberpfalz 64, in Ober- und Unterfranken je 58, in Mittelfranken 50 und in der Pfalz 35 Stöcke.

Seit dem Jahre 1900 soll sich der Bienenstand um weitere 25 % vermehrt haben. Der Mobilbau umfaßt über die Hälfte der Stöcke.

Um die Hebung der Bienenzucht sind hauptsächlich die Bienenzuchtvereine, insbesondere der Bayerische Landesbienenzuchtverein in München (1902: 471 mit 26710 Mitgliedern) durch Abhaltung von Vorträgen, Lehrkursen und Ausstellungen, durch Herausgabe von Zeitschriften u. dgl., durch Verbreitung guter Stöcke und Geräte, durch Einrichtung von Honigverkaufsstellen usw. bemüht. An allen landwirtschaftlichen Schulen, dann an den Obst-, Garten- und Weinbauschulen wird Unterricht in der Bienenzucht erteilt. Aus öffentlichen Mitteln wurden für Hebung der Bienenzucht in den Jahren 1897—1904 einschließlich rd. 67000 M. aufgewendet.

G. Veterinärwesen.

In Bayern sind als amtliche Tierärzte 1 Landestierarzt, 8 Kreistierärzte, 162 Bezirkstierärzte, 23 städtische beamtete Tierärzte und 4 Grenzkontrolltierärzte, dann 141 Distriktstierärzte aufgestellt. Privatpraxis üben über 530 approbierte Tierärzte aus. Der jährliche budgetmäßige Aufwand des Staates für Tierärzte war in den Jahren 1904 und 1905 je 424293 M. Für Zuschüsse an Distriktstierärzte werden von den Kreisen und Distrikten jährlich rd. 130000 M. aufgewendet.

Die Maßnahmen zur Abwehr und Unterdrückung der Tierseuchen werden mit aller Umsicht und Strenge durchgeführt. Im einzelnen ist besonders zu erwähnen:

Zur Förderung der Schutzimpfung gegen Rauschbrand sind die Kosten derselben und etwaige Verluste durch Impfrauschbrand auf die Staatskasse übernommen.

Nach dem Gesetze vom 26. Mai 1892 (G.-V.-Bl. S. 142) wird für gefallene oder getötete Pferde und Rinder, bei welchen Milzbrand, Rauschbrand oder Wildrinderseuche als Todesursache festgestellt ist, eine Entschädigung von 4/5 des gemeinen Wertes des Tieres gewährt.

In der Zeit vom 1. Juli 1892 bis 31. Dezember 1904 waren hierfür 1250000 M. zu bezahlen.

Auch für Viehverluste, welche durch Rotz und Lungenseuche hervorgerufen werden, wird nach dem Gesetze vom 21. März 1881 aus der Staatskasse ohne Gegenleistung der Tierbesitzer entschädigt. Die Lungenseuche ist in Bayern ganz erloschen. An Entschädigungen bei Rotz waren in den Jahren 1897—1904 81270 M. zu bezahlen.

Unbemittelte Viehbesitzer, welche Viehverluste infolge der Maul- und Klauenseuche erlitten haben und mangels eines örtlichen Viehversicherungsvereins sich nicht versichern konnten, erhalten aus im Staatsbudget eingestellten 30000 M. Beihilfen.

Zur Förderung der Schutzimpfung gegen den Rotlauf der Schweine werden die Kosten des Impfstoffes auf die Staatskasse übernommen. Dieselben haben in der Zeit vom August 1899 bis Ende 1904 rd. 115000 M. betragen.

V. Landwirtschaftliche Industrie und Nebengewerbe.

A. Molkerei.

Die wichtigste landwirtschaftliche Industrie ist in Bayern die Molkerei.

Nach den im Jahre 1903 gepflogenen Erhebungen waren: Statistik.

	Käsereien:	Molkereien:	Zentrifugen:	jährlich verarbeitete Milchmenge:
in Oberbayern .	425	64	2436	927 283 hl
„ Niederbayern .	3	145	684	324 967 „
„ d. Pfalz . .	1	15	812	95 000 „
„ d. Oberpfalz .	1	9	32	13 159 „
„ Oberfranken .	3	4	313	37 562 „
„ Mittelfranken .	1	174	384	378 700 „
„ Unterfranken .	7	18	478	65 798 „
„ Schwaben . .	1654	68	892	3 741 718 „
im Königreich . .	2095	497	6031	5 584 187 „

Gewonnen wurden jährlich in Doppelzentnern:

	Butter:	Weichkäse:	Hartkäse:
in Oberbayern . . .	30 463	50 727	4 651
„ Niederbayern . .	12 996	293	—
„ d. Pfalz	3 742	450	—
„ d. Oberpfalz . .	514	112	—
„ Oberfranken . . .	1 487	137	—
„ Mittelfranken . .	15 135	200	—
„ Unterfranken . .	2 537	615	—
„ Schwaben . . .	93 428	226 100	79 518
im Königreich . . .	160 302	278 634	84 169

Während in Schwaben und in Oberbayern die Molkerei schon älteren Ursprungs ist, hat sie sich in Niederbayern und Mittelfranken erst in den letzten Jahren mehr entwickelt.

Molkerei- und Käsereibetriebsgenossenschaften bestanden im Jahre 1903 in Oberbayern 2, in Niederbayern 25, in der Pfalz 5, in der Oberpfalz 3, in Oberfranken 2, in Mittelfranken 120, in Unterfranken 4 und in Schwaben 29.

In Oberbayern und in Schwaben bestanden auch noch 67 bzw. 599 Baugenossenschaften, die lediglich zweckentsprechende Betriebsräume herstellten, diese aber dann verpachteten.

Förderung der Milchwirtschaft.

An Maßnahmen zur Förderung der Milchwirtschaft sind zu erwähnen:

1. Die Aufstellung eines staatlichen Konsulenten für Milchwirtschaft beim Kgl. Staatsministerium des Innern, der durch Abgabe von Gutachten, Gewährung von Beirat, Abhaltung von Vorträgen, Kursen und Butterschauen (1898 bis 1904: 45 mit 4100 Proben), Organisierung von Ausstellungen tätig ist.
2. Zum Unterrichte auf milchwirtschaftlichem Gebiete bestehen die Kgl. Molkereischule in Weihenstephan und die vom Milchwirtschaftlichen Vereine im Allgäu mit staatlicher Unterstützung errichteten Lehrsennereien Sonthofen (insbesondere für Hartkäse) und Boos (für Weichkäse). An diesen Schulen werden neben den gewöhnlichen Unterrichtskursen auch kürzere milchwirtschaftliche Kurse abgehalten. Das letztere ist auch der Fall an den Kreisackerbauschulen und an einigen Winterschulen. Melkkurse, namentlich auch mit Rücksicht auf das Hegelund'sche Verfahren, finden statt in Weihenstephan und im Allgäu.
3. Die Errichtung von Molkerei- und Sennereigenossenschaften wird durch staatliche Zuschüsse und Vorschüsse unterstützt. Bis Ende 1904 wurden zur Errichtung von 55 Unternehmen 75 000 M. Zuschüsse und 340 000 M. niedrig verzinsliche Vorschüsse genehmigt.

4. Für das Zentrallandwirtschaftsfest wurde die staatliche Prämiierung von Molkereierzeugnissen nach festen Grundbestimmungen eingeführt.
5. Sehr erfolgreich wirken die mit erheblichen staatlichen Zuschüssen bedachten milchwirtschaftlichen Vereine im Allgäu (gegr. 1890, 4200 Mitglieder) und in Niederbayern (gegr. 1898, 1300 Mitglieder). Der erstere Verein hat 2 Lehrsennereien (s. Nr. 2), einen eigenen Wanderlehrer für Vorträge und Kurse, eine besondere Zeitschrift, eine milchwirtschaftliche Untersuchungsanstalt ꝛc. ꝛc. Der Verein für Niederbayern hat namentlich ein eigenes Laboratorium und eine ständige Ausstellung von Molkereigeräten u. dgl., sowie einen Geschäftsführer für Kurse, Vorträge usw. Im Anschlusse an den Verein besteht eine Niederbayerische Butterabsatzgenossenschaft, e. G. m. b. H., in Passau, die große Mengen Butter vermittelt. Für Schwaben besorgt dies der „Landwirtschaftliche Verband für Schwaben", e. G. m. b. H., in Grönenbach.

Aus öffentlichen Mitteln wurden für Hebung der Milchwirtschaft in den Jahren 1897 bis 1904 rd. 390000 M. aufgewendet.

Die Bemühungen waren ohne Zweifel von Erfolg begleitet; namentlich hat sich die Erzeugung der Butter qualitativ und quantitativ sehr gehoben.

B. Branntweinbrennerei.

Im Betriebsjahre 1903/04 hatte Bayern 6617 Brennereien, und zwar 1304 Kartoffel-, 1104 Getreide- und 4209 andere Material-Brennereien. Die letzteren sind fast nur ganz kleine Anlagen. Landwirtschaftliche Brennereien waren 1302 Kartoffel- und 1090 Getreidebrennereien. Landwirtschaftliche Genossenschaftsbrennereien bestanden 19 mit 25747 hl Alkohol Jahreserzeugung. Verbraucht wurden in den bayerischen Brennereien insbesondere 1262770 dz Kartoffel, 115296 dz Mais und 170169 dz anderes Getreide. Die Gesamterzeugung betrug 199505 hl Alkohol. Steuerfrei abgelassen wurden 97115 hl.

Zur Verwertung des Spiritus bestehen in Bayern zwei Verwertungsgenossenschaften, welche in Verbindung mit der Zentrale für Spiritusverwertung in Berlin arbeiten.

Zur Förderung der Brennerei sind im Anschlusse an die Kgl. Akademie für Landwirtschaft und Brauerei in Weihenstephan eine brennereitechnische Anstalt, der die kostenlose Beratung der bayerischen Brennereibetriebe obliegt, sowie eine Versuchs- und Lehrbrennerei errichtet.

Der technischen Verwertung des Spiritus wenden insbesondere die Kgl. Staatseisenbahnverwaltung und die militärischen Institute volle Aufmerksamkeit zu.

C. Brauerei.

Auf dem Lande ist namentlich für den Großgrundbesitz auch die Brauerei eine wichtige landwirtschaftliche Industrie. Die ländlichen Brauereien sind die ersten Abnehmer der heimischen Gerste und liefern den Landwirten Treber und Malzkeime. In Bayern bestanden im Jahre 1903 11357 Brauereien mit einem Malzverbrauch von 7111005 hl und einer Biererzeugung von 17359572 hl. Von den Brauereien hatten einen Malzverbrauch bis zu 1000 hl 10134, von 1001 bis zu 4000 hl 931, von 4001 bis zu 10000 hl 194, von 10001 bis zu 20000 hl 52, von 20001 bis zu 40000 hl 28, von 40001 bis zu 100000 hl 13, von 100001 hl und mehr 5.

Die kleineren und mittleren Brauereien nehmen seit Jahren immer mehr ab. Die vom zur Bereitung von Bier verwendeten Malze zu entrichtende Steuer, Malzaufschlag, ist nach dem Gesetze über den Malzaufschlag vom 16. Mai 1868, i. d. F. des Gesetzes vom 8. Dezember 1889, zwar nach der Größe des Verbrauches abgestuft, indem die Steuer, welche an sich 6 M. vom Hektoliter ungebrochenen Malzes beträgt, bei Betrieben mit mehr als 10000 hl Malzverbrauch in einem Jahre um 25 Pf. für die folgenden 30000 hl und um 50 Pf. für das die Menge von 40000 hl übersteigende Malz sich erhöht, dagegen für Brauereien, welche im Jahre nicht mehr als

6000 hl verarbeiten, für die ersten 2000 hl des in einem Jahre verwendeten Malzes nur 5 M. für 1 hl beträgt. Diese Abstufung gewährt jedoch an sich einen genügenden Vorsprung gegenüber den mit großer technischer Vollkommenheit arbeitenden Großbetrieben nicht. Zur Bereitung von Bier dürfen nach dem erwähnten Gesetz statt des Malzes keinerlei Zusatz- oder Ersatzstoffe verwendet werden. Zur Erzeugung von Braunbier ist nur die Verwendung von Malz aus Gerste, dann von Hopfen und Wasser zulässig.

D. Zuckerindustrie.

Die Zuckerindustrie ist in Bayern nur durch zwei Rohzuckerfabriken in der Pfalz und eine Rohzuckerfabrik mit Raffinerie in Regensburg vertreten.

E. Hausindustrie.

In ziemlich weiten Teilen Bayerns werden von der landwirtschaftlichen Bevölkerung Hausindustrien betrieben. Es sind dies die Weberei in einem großen Teile Oberfrankens, dann in Niederbayern bei Passau und Wegscheid; die Korbflechterei in Oberfranken, in einigen Orten von Mittelfranken, Niederbayern, der Pfalz, Unterfranken und Schwaben (Donaumoos); die Holzwarenfabrikation in den Bezirken Berchtesgaden und Garmisch, in der Rhön, im Spessart, im Bayerischen Walde; die Geigenmacherei in Mittenwald; die Schuhwarenherstellung in der Gegend von Pirmasens, dann in den Bezirken Naila, Kulmbach und Stadtsteinach; die Schneiderei im Spessart und bei Speyer; die Strohflechterei in einigen Bezirken Oberbayerns (bei Landsberg), Oberfrankens, der Oberpfalz, Unterfrankens, Schwabens (Weiler) und der Pfalz; der Stickerei in mehreren Bezirken Oberfrankens, Unterfrankens (Kahlgrund) und Schwabens (Oberstaufen, Weiler); die Spitzenklöppelei in der Oberpfalz, und die Schiefertafelmacherei in Oberfranken.

Die Lage der Hausindustrie ist im allgemeinen keine günstige, immerhin bringt sie einen willkommenen, wenn auch zumeist spärlichen Verdienst. Durch Errichtung von Fachschulen für Weberei, Korbflechterei, Spitzenklöppelei, Schnitzerei und Geigenmacherei, durch Einführung von Wanderunterricht für Korbflechterei und Weberei, durch Beschaffung guter Webstühle, durch Zuweisung staatlicher Arbeitsaufträge und durch Abgabe von billigem Holz wird die Lage der Beteiligten gebessert.

VI. Landwirtschaftliches Versicherungswesen.

Unter weitgehender Mitwirkung des Staates sind in Bayern die Gebäudebrand-, die Hagel-, die Vieh- und die Pferdeversicherung geregelt.

Für diese Versicherungszweige sind besondere, auf den Grundsätzen der Freiwilligkeit und der Gegenseitigkeit beruhende Anstalten errichtet worden, deren Verwaltung und Vertretung der Kgl. Versicherungskammer in München mit ihren Abteilungen für Brandversicherung, für Hagelversicherung, für Viehversicherung und für Pferdeversicherung überwiesen sind.

A. Brandversicherung.

Gebäudebrandversicherung.

Die zur Versicherung der Gebäude gegen Brandschaden bestehende Brandversicherungsanstalt wurde durch die Kgl. Verordnung vom 23. Januar 1811 begründet, durch welche die damals für die einzelnen Teile des Königreichs bestehenden Institute in eine gemeinsame Anstalt zusammengelegt wurden. Durch Gesetz vom 3. April 1875 wurden die Bestimmungen über die Anstalt revidiert und für die Verwaltung und Vertretung der Anstalt eine besondere Behörde: „Brandversicherungskammer" — vom 1. November 1896 „Versicherungskammer" genannt — geschaffen. Durch Gesetz vom 5. Mai 1890 ist die besondere Brandversicherungsanstalt der Pfalz mit jener in den Landesteilen rechts des Rheines vereinigt worden.

Bei der Versicherungsanstalt können alle Gebäude, dann unter bestimmten Voraussetzungen auch Mauern und Zäune von Höfen und Hausgärten, Glocken, Turmuhren, Orgeln ꝛc.,

Einrichtungen für Gewerbe und Fabriksbetrieb versichert werden. Der Gesamtbedarf der Anstalt wird von sämtlichen Mitgliedern bestritten. Der Beitrag richtet sich nach der Versicherungssumme und der Feuergefährlichkeit des Objektes. Die Gebäude sind nach der Bauart in vier Klassen eingeteilt. In der Regel zahlen jährlich die Gebäude der Klasse I: 10 Pf., der Klasse II: 13 Pf., der Klasse III: 20 Pf. und der Klasse IV: 25 Pf. von je 100 M. Versicherungssumme. Die Versicherungssumme betrug Ende 1903/04: 6 807 778 740 M. An Entschädigungen für abgebrannte Gebäude wurden im Jahre 1900/01: 5 614 987 M., im Jahre 1901/02: 5 682 845 M., im Jahre 1902/03: 6 754 980 M. und im Jahre 1903/04: 7 328 146 M. gezahlt. Der Reservefond der Anstalt beträgt über 19 Millionen Mark. Die Verwaltungskosten berechnen sich auf nur 1,27 Pf. für 100 M. der Versicherungssumme. Von den Versicherungsbeiträgen konnten den Versicherten seit dem Jahre 1875 50 Millionen Mark in der Weise nachgelassen werden, daß in 14 Jahren nur der halbe Beitrag zur Einhebung gelangte.

Aus den Mitteln der Gebäudebrandversicherungsanstalt werden alljährlich erhebliche Beiträge, 7 % der Gesamtsumme der Versicherungsbeiträge, dem Fond zur Förderung des Feuerlöschwesens zugeführt (seit dem Jahre 1875/76 im ganzen 11 257 000 M.), aus welchen hauptsächlich die Herstellung ländlicher Wasserversorgungen, die Einrichtungen des gemeindlichen Feuerlöschwesens und im Dienste verunglückte Feuerwehrmänner sowie ihre Hinterbliebenen unterstützt werden. In den gleichen Fond fließen die dreiprozentigen Beiträge der in Bayern zugelassenen Mobiliarfeuerversicherungsgesellschaften.

Mobiliarfeuerversicherung. Die Mobiliarfeuerversicherung wird in Bayern zurzeit von 32 Privatversicherungsanstalten und -Gesellschaften betrieben. Auf dem Lande sind ca. 70 % der Haushaltungen gegen Mobiliarschaden versichert. Die Möglichkeit der Versicherung sog. notleidender Risiken bei einer Versicherungsgemeinschaft der in Bayern zugelassenen Feuerversicherungsgesellschaften gegen Bezahlung entsprechender Prämien, dann die Mitversicherung des Viehbestandes, die Freizügigkeit des landwirtschaftlichen lebenden und toten Inventars und der versicherten Ernte sind durch Vereinbarungen mit den Versicherungsanstalten geregelt.

B. Hagelversicherung.

Zum Zwecke der Versicherung gegen Hagelschaden ist durch Gesetz vom 13. Februar 1884 die öffentliche Hagelversicherungsanstalt errichtet worden. Mitglied derselben kann jeder Grundbesitzer für die Ernte seines in Bayern gelegenen Grundbesitzes werden. Die Beiträge bemessen sich nach dem Grade der Fruchtempfindlichkeit und der örtlichen Hagelgefahr. Nachschüsse werden nicht erhoben. Zur Leistung der in einem Versicherungsjahre angefallenen Entschädigungen werden nach Abzug der Verwaltungskosten die Beiträge des Jahres, der Staatszuschuß und die Zinsen der nicht zum Reservefond gehörenden Vermögensbestände verwendet. Reichen diese Mittel nicht zur Vergütung von $^{8}/_{10}$ des Jahresschadens aus, so ist der Reservefond bis zu $^{1}/_{4}$ heranzuziehen. Können trotzdem die $^{8}/_{10}$ des Schadens nicht gedeckt werden, so sind die einzelnen Entschädigungsbeträge zu kürzen. Die Schadensfestsetzung erfolgt unter Mitwirkung von Schätzleuten aus landwirtschaftlichen Kreisen.

Vom Staate wurden der Anstalt bislang zugewiesen:

1. Ein Stammkapital von 1 Million Mark, dessen Zinsen dem Reservefond zufließen;
2. zur Stärkung des Reservefonds im Jahre 1904: $1\frac{1}{2}$ Millionen Mark;
3. alljährlich zur Verstärkung der Mittel für die Entschädigungen bis zum Jahre 1897 je 40000 M. und vom Jahre 1898 ab je 200000 M., und
4. in den Jahren 1896 und 1897 je 70000 M. wegen außerordentlicher Schäden.

Die Anstalt hat Porto- und Gebührenfreiheit. Zur Bestreitung der Verwaltungskosten hat die Anstalt an die Brandversicherungsanstalt eine jährliche Aversalsumme von nur 2 Pf. auf 100 M. der Versicherungssumme zu zahlen.

Die Hagelversicherungsanstalt hat sich trotz einiger schwerer Hageljahre sehr günstig entwickelt.

Im Jahre 1904 gehörten der Anstalt 144112 Versicherte mit 2163000 versicherten Grundstücken und 231812510 M. Versicherungssumme an. An Entschädigungen wurden im ganzen vom Jahre 1884 bis 1904 einschließlich gezahlt 32494276 M., die einbezahlten Beiträge betrugen 33513566 M. Der Beitrag betrug im Jahresdurchschnitte 1,25 % der Versicherungssumme und die Verwaltungskosten machen nur 0,04 % derselben aus. Der Reservefond umfaßte Ende 1904: 6257300 M.

C. Viehversicherung.

Die Viehversicherungsanstalt wurde durch Gesetz vom 11. Mai 1896 vom 1. November 1896 an ins Leben gerufen. Die Anstalt beruht auf dem Gedanken gegenseitiger Versicherung mit örtlicher Grundlage unter Rückversicherung durch die Gesamtheit der Vereine. Sie umfaßt alle Ortsvereine, welche das Normalstatut angenommen haben. Versichert werden Rinder und Ziegen. Entschädigung wird gewährt für Verluste, welche durch Umstehen oder Notschlachtungen oder dadurch entstehen, daß das Fleisch eines geschlachteten Rindviehstückes wegen eines gesetzlichen Gewährfehlers polizeilich ganz oder teilweise ungenießbar erklärt wird (Schlachtviehversicherung). Die Entschädigung beträgt bei umgestandenen Tieren $^{7}/_{10}$ und bei notgeschlachteten $^{8}/_{10}$ des Schätzungswertes. Für Ziegen ist ein Wertsansatz von 15 M. eingeführt. Bei der Schlachtviehversicherung werden $^{8}/_{10}$ jener Summe entschädigt, um welche das Fleisch des geschlachteten Tieres durch die Ungenießbarkeitserklärung an seinem Verkaufswerte verloren hat. Von der Entschädigung ist die eine Hälfte von der Landesanstalt und die andere von den Ortsvereinen aufzubringen. Vom Staate wurde der Anstalt ein Stammkapital von 500000 M., ein jährlicher ordentlicher Zuschuß von zunächst 40000 M., später von 70000 und 100000 M., dann für außerordentliche Beihilfen an überlastete Ortsvereine ein besonderer Jahreszuschuß von 20000, später 25000 M. überwiesen. Bezüglich des Beitrags zu den Verwaltungskosten gilt dasselbe, wie bei der Hagelversicherungsanstalt. Die Gebühren- und Portofreiheit hat die Viehversicherungsanstalt gleichfalls.

Die Viehversicherungsanstalt hat sich gut entwickelt. Ende des Versicherungsjahres 1903/04 gehörten ihr 1530 Ortsvereine mit 75945 Mitgliedern, 297855 versicherten Tieren und 70164665 M. Versicherungssumme an. In den abgelaufenen acht Geschäftsjahren hat die Anstalt 66193 Schadensfälle mit 9721031 M. entschädigt. Die erhobenen Beiträge und der Erlös aus der Verwertung der Tiere betrugen dagegen nur 8991381 M. Die Beiträge sind im Durchschnitt jährlich 1,21 % der Versicherungssumme. Der Reservefond der Anstalt umfaßt rd. 347000 M.

D. Pferdeversicherung.

Die Pferdeversicherungsanstalt wurde durch Gesetz vom 15. April 1900 geschaffen und ist am 1. November 1900 in das Leben getreten. Die Anstalt beruht auf dem gleichen Grundgedanken, wie die Viehversicherungsanstalt. Sie wird gebildet durch die in einem Landesverband vereinigten Pferdeversicherungsvereine, welche das Normalstatut angenommen haben. Die Vereine, die sich vielfach auf eine größere Zahl von Gemeinden oder auf ganze Bezirke erstrecken, bezwecken die Versicherung ihrer Mitglieder gegen diejenigen Verluste, welche ihnen in unverschuldeter Weise durch Umstehen ihrer Pferde oder durch notwendig gewordenes Töten derselben infolge von gänzlicher, dauernder Unbrauchbarkeit entstehen. Die Versicherung gilt für Stadt und Land. Bezüglich der Aufbringung der Entschädigung, der Verwaltungskosten und der Gebühren- und Portofreiheit gilt dasselbe wie bei der Viehversicherung. Aus der Staatskasse erhielt die Anstalt ein Stammkapital von 500000 M., einen jährlichen Zuschuß von 40000 M. und seit dem Jahre 1902 noch einen besonderen Zuschuß von 20000 M. zur Ermäßigung der Beiträge überlasteter Pferdeversicherungsvereine.

Die Entwicklung der Pferdeversicherungsanstalt hat sich sehr günstig gestaltet. Ende des Geschäftsjahres 1903/04 gehörten ihr 414 Versicherungsvereine mit 27759 Mitgliedern, 66028 Pferden und 39487310 M. Versicherungssumme an. In den ersten vier Geschäftsjahren hat die Anstalt 7812 Schadensfälle mit 2867563 M. beglichen. An Beiträgen wurden nur 2674473 M. erhoben. Die durchschnittlichen Beiträge betrugen bis jetzt 2,06 % der Versicherungssumme. Der Reservefond der Anstalt hat eine Höhe von rd. 222000 Mark erreicht.

VII. Kredit- und Genossenschaftswesen.

A. Realkredit.

An der Befriedigung des landwirtschaftlichen Realkredit-bedürfnisses sind folgende Anstalten beteiligt:

1. Die bayerische Landwirtschaftsbank, München. Diese Bank ist eine eingetragene Genossenschaft mit beschränkter Haftpflicht. Sie hat die Aufgabe der Gewährung von Darlehen an die Genossen, und zwar amortisierbarer, unkündbarer Hypothekdarlehen auf land- und forstwirtschaftlichen Grundbesitz und amortisierbarer, unkündbarer Darlehen ohne Hypothekbestellung an ländliche Gemeinden. Genossen können regelmäßig alle Eigentümer land- und forstwirtschaftlicher Grundstücke in Bayern werden, welche im Besitze der bürgerlichen Ehrenrechte sind, dann Fideikommiß- und Stammgutsbesitzer, ländliche Gemeinden, Stiftungen, Korporationen und eingetragene Genossenschaften, welche in Bayern ihren Sitz haben und landwirtschaftliche Interessen vertreten. Als Grenze für die Belehnung der Grundstücke ist die Hälfte des Wertes bestimmt und als Amortisationsbetrag mindestens $^1/_2$ % der Darlehensschuld. Der Verwaltungskostenbeitrag ist $^1/_4$ % der Schuld. Vom Staate erhielt die Bank überwiesen ein unverzinsliches Betriebskapital von 1000000 M., einen nach Bedarf zu erhebenden, zu 3 % verzinslichen und jederzeit kündbaren Betriebsvorschuß bis zu 4000000 M. und bisher einen jährlichen Verwaltungskostenzuschuß von 40000 M. Zur Gewinnung der Mittel für die Darlehen werden im übrigen Pfandbriefe und Schuldbriefe für Gemeindedarlehen herausgegeben. Diese Papiere sind mündelsicher.

Die Bank, welche ihre Tätigkeit am 1. April 1897 begonnen hat, hat sehr günstige Erfolge erzielt.

6*

Es betrugen Ende des Jahres 1904: die Zahl der Genossen: 10077; der Gesamtbetrag der Haftsummen: 19529000 Mark; die Umlaufsumme der Pfandbriefe: 58581700 M. (zu $3^1/_2$ %); die der Kommunalobligationen: 3383300 M. (zu $3^1/_2$ %), 2370100 M. (zu 4 %); die Summe der vollzogenen Hypothekardarlehen: 10266 mit 67012200 M.; Kommunaldarlehen: 361 mit 6710200 M.; die Reserven: 338988 M.

Ein großer Teil der Darlehen wird zur Umwandlung bereits bestehender höher verzinslicher, zum Teil kündbarer Darlehen in unkündbare zu ermäßigtem Zinsfuß verwendet.

2. Die bayerischen Aktienhypothekenbanken. Nach den letzten Geschäftsberichten hatten Ende des Jahres 1904 auf landwirtschaftlichen Anwesen in Bayern ausgeliehen:

die bayer. Hypotheken- u. Wechselbank in München	227 086 244 M.
die süddeutsche Bodenkreditbank in München	74 680 146 „
die bayer. Vereinsbank in München	37 780 586 „
die bayer. Handelsbank in München	1 887 367 „
die Vereinsbank in Nürnberg	3 319 529 „
die bayer. Bodenkreditanstalt in Würzburg	5 599 575 „
die pfälzische Hypothekenbank	3 136 351 „

Es handelt sich zum großen Teile um Darlehen mit mindestens $^1/_2$ %iger Tilgung.

3. Die bayerischen Sparkassen. Dieselben hatten Ende des Jahres 1901: 113000000 M. Hypotheken auf landwirtschaftlichen Anwesen.

4. Die öffentlichen Stiftungen und Gemeinden mit ca. 50000000 M.

5. Die Versicherungsanstalten nach dem Reichsgesetz vom 22. Juni 1889 mit ca. 11000000 M.

6. Die sog. Kreishilfskassen, welche Darlehen an Landeigentümer in unverschuldeten Notfällen zur Erhaltung ihrer Anwesen gegen geringe Verzinsung und kleine Tilgungsraten gewähren, mit ca. 700000 M.

7. Dem landwirtschaftlichen Meliorationskredit dient die am 1. Juli 1884 ins Leben getretene Kgl. Landeskulturrentenanstalt. Diese gewährt Darlehen für Bewässerungs- und Entwässerungsunternehmungen, Korrektionen an Bächen und Privatflüssen, Anlagen zum Uferschutz und zum Schutze gegen Überschwemmungen, Flurbereinigungen, Urbarmachungen öder Flächen, Meliorationen von Feldern, Wiesen, Weiden und Moorgründen, Aufforstungen öder Flächen, Anlagen und Meliorationen von Weinbergen, Obstbau- und Weidenkulturen, Fischereianlagen, Wegeanlagen, welche zu einer besseren Benützung land- und forstwirtschaftlichen Grundbesitzes bestimmt sind, und Wasserversorgungen ländlicher Gemeinden.

Die Darlehen sind mit $3^1/_4$ % zu verzinsen und durch mäßige Jahresraten zu tilgen. Zins und Tilgungsrate heißen Kulturrente. Diese beträgt z. B. bei einer

52 jährigen	Tilgung	4 %	28 jährigen	Tilgung	$5^1/_2$ %
45 „	„	$4^1/_4$ „	$19^1/_2$ „	„	7 „
36 „	„	$4^3/_4$ „	10 „	„	12 „ usw.

Gemeinden, unter staatlicher Aufsicht stehende Stiftungen, Genossenschaften und ähnliche Vereinigungen können Darlehen ohne Sicherheitsbestellung erlangen; sonstige Grundeigentümer müssen entweder eine Hypothek für das Darlehen bestellen oder die Kulturrente als Reallast eintragen lassen.

Behufs Beschaffung der Kapitalien für die Darlehen gibt der Staat Schuldverschreibungen (Landeskulturrentenscheine), zurzeit zu $3^1/_2$ %, aus, wobei er die Differenz gegenüber dem Zinsfuße der Darlehen deckt. Außerdem trägt der Staat die Kosten der Verwaltung der Anstalt und gewährt er dieser Gebührenfreiheit.

Die Landeskulturrentenanstalt wird sehr fleißig in Anspruch genommen. Bis Ende des Jahres 1904 wurden im ganzen 16 776 360 M. an Darlehen mit 13 446 Belehnten bewilligt. Im Durchschnitte beziffert sich hiernach ein Darlehen auf 1248 M. Von den Darlehensnehmern sind 861 Gemeinden u. dergl. mit 14 358 995 M., Genossenschaften u. dergl. Vereinigungen 439 mit 12 364 Beteiligten und 1 660 694 Mark, und sonstige Unternehmer 209 mit 756 671 M.

Dem Darlehenszwecke nach kommen in Betracht:

91	Bewässerungsanlagen mit	328 828 M.
419	Entwässerungsanlagen mit . . .	1 300 957 „
114	Bewässerungs- und Entwässerungsanlagen zugleich	734 224 „
144	Fluß- und Bachkorrektionen, Anlagen zum Uferschutz und zum Schutz gegen Überschwemmungen . . .	872 838 „
27	Flurbereinigungen	111 662 „
77	Urbarmachungen öder Flächen, Meliorationen von Feldern und Wiesen, Weiden und Moorgründen . . .	148 565 „
18	Aufforstungen öder Flächen . . .	85 900 „
1	Anlage und Melioration von Weinbergen	4 000 „
6	Obstbau- und Weidenkulturen . .	5 895 „
11	Fischereianlagen	24 270 „
112	Weganlagen behufs besserer Benützung landwirtschaftlichen Grundbesitzes .	1 080 606 „
489	Wasserversorgungsanlagen	12 078 615 „

Die Kulturrenten gehen mit ganz wenigen Ausnahmen pünktlich ein. Der Reservefond der Anstalt beträgt rund 250 000 M.

B. Personalkredit- und Genossenschaftswesen.

Stand im allgemeinen.

Das landwirtschaftliche Genossenschaftswesen erfreut sich in Bayern einer hohen Entwicklung. Abgesehen von den hauptsächlich wieder aus Genossenschaften bestehenden Zentralgenossenschaften waren Ende des Jahres 1904 in Bayern vorhanden: 2895 Kreditgenossenschaften mit 293 948 Mitgliedern, hierunter 2741 ländliche Darlehenskassenvereine mit ca. 220 000 Mitgliedern, ferner 716 sonstige landwirtschaftliche Genossenschaften mit 45 912 Mitgliedern. Neben diesen eingetragenen Genossenschaften ist noch eine beträchtliche Anzahl in anderer Rechtsform begründeter Vereinigungen zu landwirtschaftlichen

Zwecken, wie Viehzuchtgenossenschaften, Versicherungsvereine, Vereine zur Benützung von Maschinen usw., vorhanden.

Es kommt im Durchschnitt in Bayern

	eine eingetr. Kredit-genossenschaft:	ein Darlehens-kassenv.:	eine sonst. landw. e. Gen.:	
auf	2,7	2,9	11	Gemeinden
„	2133	2253	8626	Einwohner
„	1472	1555	5953	ha landw. benützte Fläche[1])

Die sonstigen landwirtschaftlichen eingetragenen Genossenschaften scheiden sich aus in: 233 landwirtschaftliche Absatz-, Rohstoff-, Magazingenossenschaften, landwirtschaftliche Konsumvereine mit 23532 Mitgliedern, 118 Werk- (Maschinen-)Genossenschaften mit 3234 Mitgliedern, 351 Produktivgenossenschaften (Molkereien, Brauereien, Winzervereine) mit 17953 Mitgliedern, und endlich in 14 Zuchtgenossenschaften mit 1193 Mitgliedern.

Unter den landwirtschaftlichen Genossenschaften sind nach Zahl und Bedeutung die Raiffeisenschen Spar- und Darlehenskassenvereine die wichtigsten. Es gab in Bayern solche Vereine im Jahre 1881: 42; 1891: 438; 1902: 2467; Ende Mai 1905: ca. 2800. Spar- u. Darlehenskasse.

Bei den an Genossenschaftsverbände angeschlossenen Darlehenskassen betrugen bereits im Jahre 1902:

der Gesamtumsatz	347 826 904 M.	
„ Gesamtstand der Darlehen an Mitglieder	123 941 901 „	Ende des Jahres
„ Anlehensstand, aufgenommen von Mitgliedern	75 317 158 „	Ende des Jahres
„ Nichtmitgliedern	35 623 402 „	Ende des Jahres
die Spareinlagen	71 878 799 „	Ende des Jahres
„ Reservefonds	5 190 541 „	
der Jahresgewinn	1 117 698 „	
„ Jahresverlust	64 223 „	

[1]) Nach der Anbauerhebung vom Jahre 1904.

Landesverband. Die Mehrzahl der Vereine ist dem am 1. Januar 1894 ins Leben getretenen Bayerischen Landesverbande landwirtschaftlicher Darlehenskassenvereine und Molkereigenossenschaften in München (eing. Verein) angeschlossen. Diesem gehörten an Ende 1893: 139; 1900: 1831; 1904: 2303 mit 151 294 Mitgliedern; Ende Mai 1905: 2384 Vereine (darunter 134 Molkereigenossenschaften). Die wichtigste Aufgabe des Landesverbandes ist neben der Förderung der genossenschaftlichen Interessen die Revision der Vereine. Der Landesverband gliedert sich in 8 Kreisverbände und diese wieder in Bezirksverbände.

Zentraldarlehenskasse. Im engen Anschlusse an den Landesverband besteht die gleichfalls vom 1. Januar 1894 an tätig gewordene Bayerische Zentraldarlehenskasse, e. G. m. b. H., in München. Dieser obliegt der Geldausgleich unter den angeschlossenen Genossenschaften und die Warenvermittlung. Der Bayer. Zentraldarlehenskasse gehörten an:

	Mitglieder:	Geschäftsanteile:	Haftsumme: M.
Ende 1894:	351	400	400 000
„ 1900:	1568	2868	2 868 000
„ 1904:	2006	4119	4 119 000
„ Mai 1905:	2090	4203	4 203 000

Es betrugen bei der Zentraldarlehenskasse im Jahre 1904:

der Gesamtumsatz	307 520 000	M.
die Einlagen der Vereine	39 365 158	„
die Abhebungen der Vereine	45 130 217	„

Pfalz. Für die der Zentraldarlehenskasse angeschlossenen pfälzischen Vereine besteht eine besondere Filiale Pfalz in Landau.

Daneben besteht noch ein Verband pfälzischer landwirtschaftlicher Genossenschaften in Landau mit ca. 450 Genossenschaften verschiedener Art und die als Warenvermittlungsstelle betriebene Zentralgenossenschaft pfälzischer landwirtschaftlicher Konsumvereine, e.G.m.b.H., in Neustadt a. H.

Für **Mittelfranken** ist eine besondere **Kreisdarlehenskasse** in Ansbach, e. G. m. H., errichtet, welcher ca. 200 Vereine angehören. Mittelfranken.

Der Landesverband und die Zentraldarlehenskasse haben bisher an staatlichen Unterstützungen erhalten: 4000 M. einmaliger Zuschuß zu den Einrichtungskosten; 25 500 M., von 1898 an 29 000 M. und von 1904 an 34 000 M. jährlich zu den Verwaltungs- und Revisionskosten, in den Jahren 1899 bis 1904 einschließlich 14 000 M. zu den Kosten der Warenvermittlung, 200 000 M. unverzinslichen Betriebsvorschuß und 3 900 000 M. zu 3 % verzinslichen Betriebsvorschuß, von welchem eine Million für die mittelfränkische Kreisdarlehenskasse bestimmt ist. Staatliche Förderung.

Der Generalverband ländlicher Genossenschaften Raiffeisenscher Organisation für Deutschland in Neuwied ist in Bayern mit ca. 600 Vereinen und 45 000 Mitgliedern vertreten. In Nürnberg und in Ludwigshafen bestehen besondere Verbandsorganisationen und Geldausgleichstellen. Die anderen Organisationen.

Ein kleinerer Verband mit ca. 50 Vereinen ist schließlich noch der **Pfälzische Genossenschaftsverband** für Geld- und Warenverkehr, e. G. m. b. H., in **Wachenheim**.

Die Kreditgenossenschaften nach **Schulze-Delitzsch** entwickeln ihre Haupttätigkeit wohl auf gewerblichem Gebiete; immerhin sind von ihren Mitgliedern ca. 30 % Landwirte.

C. Warenvermittlung.

Der gemeinsame Einkauf landwirtschaftlicher Bedarfsgegenstände und gemeinsame Verkauf landwirtschaftlicher Erzeugnisse hat in den letzten Jahren außerordentlich zugenommen und sich gut bewährt. Eingekauft werden insbesondere Düngemittel, Futtermittel, Saatgetreide, Sämereien, Maschinen, Geräte, Bau- und Brennmaterialien. Nach vorliegenden Mitteilungen hatte der Wert der gemeinsam bezogenen Gegenstände betragen im Jahre 1896: 6 594 260 M. und im Jahre 1902: 21 733 817 M., d. i. eine Mehrung von 231 %. Gemeinsam verkauft werden vor allem Getreide, dann Vieh, Hopfen, Kartoffel u. a. Der Wert betrug hier im Jahre 1896: 2158009 M. und im Jahre 1902: 20781207 M., d. i. eine Mehrung von 853 %. Seit dem Jahre 1902 ist eine weitere wesentliche Steigerung eingetreten. An dem gemeinsamen Bezuge und Verkaufe sind vor allem die landwirtschaftlichen Darlehenskassenvereine und deren Verbände, dann die besonderen, für Zwecke der Warenvermittlung gebildeten genossenschaftlichen Vereinigungen, wie insbesondere die Zentralgenossenschaft pfälzischer landwirtschaftlicher Konsumvereine in Neustadt, die landwirtschaftliche Zentralgenossenschaft in Ansbach, die Fichtelgebirgsverkaufsgenossenschaft, der Verband Sechsämter-Produzentenvereine, der landwirtschaftliche Verband für Schwaben 2c. 2c. und verschiedene landwirtschaftliche Bezirksvereine beteiligt.

Die bayerische Zentraldarlehenskasse hat für die dem Landesverbande landwirtschaftlicher Darlehenskassenvereine und Molkereigenossenschaften angeschlossenen Vereine im Jahre 1904 landwirtschaftliche Bedarfsgegenstände im Werte von 1900523 M. besorgt und Erzeugnisse im Werte von 2982668 M., darunter 169572 Ztr. Getreide, verkauft. An die Zentraldarlehenskasse ist auch eine Vermittlungsstelle für Obst angeschlossen; ferner betreibt sie für den bayerischen Landwirtschaftsrat die Geschäftsstelle für Schlachtviehverkauf in München.

Lagerhäuser. Von besonderer Wichtigkeit für die Warenvermittlung sind die in Bayern bestehenden, zum größten Teile mit staatlicher Unterstützung errichteten landwirtschaftlichen Lagerhäuser.

Solche bestehen in Oberbayern 13, Niederbayern 15, in der Pfalz 5, in der Oberpfalz 29, in Oberfranken 8, in Mittelfranken 10, in Unterfranken 18 und in Schwaben 7. Weitere 3 sind projektiert. Von den Lagerhäusern sind 73 von Darlehenskassen und ihren Vereinigungen, 8 von größeren genossenschaftlichen Verbänden, 14 von besonderen Lagerhausgenossenschaften und 9 von landwirtschaftlichen Bezirksvereinen errichtet; ein Lagerhaus ist im gemeindlichen Eigentum. Der Aufwand für die Lagerhäuser schwankt, abgesehen von dem großen Zentrallagerhause der Bayerischen Zentraldarlehenskasse in Moosach, zwischen 3000 bis 98000 M. Die Gesamtkosten der Lagerhäuser betrugen Ende 1904: 1768000 M.

Der Getreideumsatz in den Lagerhäusern (ohne Moosach) betrug in Ztr.:

	1898/99:	1900/01:	1902/3:	1803/04:
Einlieferung	233632	604117	910431	980672
Verkauf	207664	579604	829130	976383

Von den Lagerhäusern kaufen ca. 50% das Getreide auf feste Rechnung, die anderen vermitteln es nur unter Beleihung. Im allgemeinen bewähren sich die Lagerhäuser; sie erzielen bessere Preise und tragen wesentlich zur Verwendung besseren Saatgetreides bei.

Zu den Lagerhausbauten werden vom Staate Zuschüsse (8 bis 10%) und niedrig verzinsliche Vorschüsse (40 bis 50%) gewährt. Die Staatseisenbahnverwaltung kommt durch unentgeltliche Ablassung von Baugrund und durch Erleichterung bei Herstellung der Schienenanschlüsse entgegen.

Das Kgl. Kriegsministerium ist bemüht, den Bedarf der Heeresverwaltung an Brotfrucht und Fourage durch Ankauf unmittelbar beim Produzenten oder von landwirtschaftlichen Genossenschaften zu decken. Die Lagerhäuser waren hierbei von sehr gutem Einfluß. Direkter Einkauf des Heeres.

Im Jahre 1904 betrugen die Ankäufe aus erster Hand bei Weizen 100%, bei Roggen 94%, bei Hafer 89%, bei Heu 75% und bei Stroh 79% des Bedarfs der Militärverwaltung.

Zur Förderung des Genossenschaftswesens wurden in den Jahren 1897 bis 1904 aus öffentlichen Mitteln aufgewendet nahezu 500000 M.

VIII. Die staatliche landwirtschaftliche Verwaltung.

A. Allgemeines.

Die staatliche landwirtschaftliche Verwaltung ist in Bayern dem Kgl. Staatsministerium des Innern, in bezug auf das Schulwesen dem Kgl. Staatsministerium des Innern für Kirchen- und Schulangelegenheiten im Einvernehmen mit dem erstgenannten Staatsministerium, dann den diesen Ministerien unterstellten Kgl. Kreisregierungen, Kammern des Innern und den Distriktsverwaltungsbehörden (vgl. S. 2) überwiesen. Den sachverständigen Beirat der Organe der Kgl. Staatsregierung in landwirtschaftlichen Angelegenheiten bilden die Vertretungskörper des landwirtschaftlichen Vereins (vgl. Absch. IX).

Beim Staatsministerium des Innern sind als besondere Sachverständige noch der Oberlandstallmeister, der Landestierarzt, der Landeskulturingenieur, der Landesinspektor für Tierzucht, die Konsulenten für Milchwirtschaft, Hopfenbau, Obst- und Gartenbau, Weinbau und für Fischerei aufgestellt. Jeder Regierung sind ein Kreistierarzt und ein Kreiskulturingenieur zugeteilt.

B. Landwirtschaftliches Meliorationswesen.

Gemäß den Boden- und Wasserverhältnissen Bayerns ist die Organisation des landwirtschaftlichen Meliorationswesens von größter Bedeutung. Für dasselbe ist bestens gesorgt. In dieser Richtung bestehen folgende Einrichtungen:

1. Der kulturtechnische Dienst.

(Kgl. Verordnung vom 15. August 1902, GVBl. S. 471.)

Zur Besorgung des kulturtechnischen Dienstes, d. i. zur Anregung, Projektierung und Ausführung von landwirtschaftlichen Kulturunternehmen aller Art, vor allem von Be- und Entwässerungen, Kultivierung von Ödungen, Regelung von Privatgewässern, sind aufgestellt:

1 Landeskulturingenieur zur Oberaufsicht und Oberleitung;

in Oberbayern 1 Kreiskulturingenieur, 5 Bezirkskulturingenieure, 1 Assistent, 3 Praktikanten, 1 Wiesenbaumeister, 4 Kulturgehilfen, 3 Distriktskulturtechniker und ca. 30 ständige und unständige Vorarbeiter;

in Niederbayern 1 Kreiskulturingenieur, 1 Bezirkskulturingenieur, 1 Praktikant, 4 Wiesenbaumeister, 1 Wiesenbaugehilfe und 6 Vorarbeiter;

in der Pfalz 1 Kreiskulturingenieur, 2 Bezirkskulturingenieure, 1 technischer Gehilfe, 2 Praktikanten und 7 Vorarbeiter;

in der Oberpfalz 1 Kreiskulturingenieur, 1 Praktikant, 3 Wiesenbaumeister, 1 Wiesenbaugehilfe und 4 Vorarbeiter;

in Oberfranken 1 Kreiskulturingenieur, 1 Bezirkskulturingenieur, 2 Praktikanten, 3 Wiesenbaumeister, 3 Wiesenbaugehilfen und ca. 20 Vorarbeiter;

in Mittelfranken 1 Kreiskulturingenieur, 2 Bezirkskulturingenieure, 1 Wiesenbaumeister, 1 Praktikant und ca. 15 Vorarbeiter;

in Unterfranken 1 Kreiskulturingenieur, 2 Bezirkskulturingenieure, 1 Praktikant u. ca. 12 Wiesenbaugehilfen;

in Schwaben 1 Kreiskulturingenieur, 3 Bezirkskulturingenieure, 1 Assistent, 2 Praktikanten, 4 Kulturbauführer und ca. 20 Vorarbeiter.

Der Aufwand für den kulturtechnischen Dienst beträgt im Jahre 1905 rd. 282.000 M.

Für die Anstellung im höheren kulturtechnischen Dienste sind erforderlich: der Erwerb des Diploms eines Kulturingenieurs und die Vollendung eines zweijährigen Vorbereitungsdienstes, sowie das Bestehen der staatlichen praktischen Prüfung.

Für die Heranbildung von Wiesenbaumeistern u. dergl. sind Wiesenbaukurse an den landwirtschaftlichen Winterschulen zu Landsberg a. L. und Würzburg eingerichtet. Die Gründung einer kulturtechnischen Schule mit 4jähriger Unterrichtszeit ist im Werke.

Die Kulturingenieure waren sehr rege an der Durchführung von Kulturunternehmen beteiligt.

In den Jahren 1889 bis 1904 einschl. wurden in Bayern ausgeführt:

Genossenschaftl. Unternehmen:	mit Genossen:	als Entwässerung:	als Bewässerung:	als Ent- und Bewässerung:	mit Kosten:
1008	30807	30849 ha	1355 ha	3118 ha	3036069 M.
andere Unternehmen:					
5155	— —	35800 ha	2122 ha	2437 ha	3121046 M.

Drainagen:

7374 ha Ackerl. 5604 ha Wiesl. mit 2881352 M. Kosten

Die kulturtechnischen Bureaus der Kgl. Regierungen führten in den Jahren 1889 bis 1904 einschl. aus: 10604 Unternehmen, hiervon genossenschaftlich 1454, mit 96 270 ha kultivierter Fläche und 42 263 877 M. geschätzter Werterhöhung der Fläche infolge der Kultur.

Entwässerungen, einschl. Drainagen, kommen hauptsächlich in Oberbayern, Niederbayern, Schwaben, dann in Teilen der Oberpfalz und von Oberfranken, Bewässerungen dagegen insbesondere in Mittel- und Unterfranken und in kleineren Teilen von Oberfranken vor. Die Bewässerungsanlagen haben sich, trotz des oft großen Aufwandes, insbesondere in den trockenen Jahren 1893 und 1904 trefflich bewährt und bezahlt gemacht.

Die genossenschaftlichen Kulturunternehmen, insbesondere die Kultur öder Gemeindegründe, werden durch staatliche Zuschüsse unterstützt. Aus öffentlichen Mitteln wurden in den Jahren 1897 bis 1904 für dergl. Zwecke rd. 1 050000 M. aufgewendet.

2. Moorkulturanstalt.

(Kgl. Verordnung vom 3. Juli 1900, GVBl. S. 570.)

Mit Rücksicht auf die umfangreichen Moore Bayerns (vgl. S. 8) ist eine besondere Kgl. Moorkulturanstalt in München eingerichtet worden, welche die Erforschung und Feststellung aller für die wirtschaftliche Ausnützung der Moore wichtigen Verhältnisse und die Förderung der Kultur der Moore, insbesondere durch Gewährung von Beirat und Beihilfe an Grundbesitzer, sowie durch Anlegung und Betrieb von Kulturstationen und Versuchsfeldern zur Aufgabe hat. Die Moorkulturanstalt ist mit einem Vorstande, vier Assistenten, einem Kulturbauführer, einem Kulturaufseher und einem Rechnungsführer besetzt. In Verbindung mit der Anstalt sind die Moorkulturstationen Bernau a. Ch. (50 ha), Karlshuld im Donaumoos (6 ha), Erdinger Moos ($6^1/_2$ ha) und Pulling-Weihenstephan (6 ha). Die Anstalt ist mit einem Laboratorium und einer Bibliothek, dann auf den Stationen mit den erforderlichen Wirtschaftsgebäuden, Maschinen und Geräten für Moorkultur und Torfverwertung ausgerüstet. Der Jahresaufwand für die Anstalt beträgt zurzeit rd. 60000 M. Derselben steht eine sachverständige Moorkulturkommission zur Seite. Die Tätigkeit der Anstalt erstreckte sich bisher neben dem Betriebe der Stationen insbesondere auf die Untersuchung verschiedenster bayerischer Moorgebiete und auf die kartographische Niederlegung der Ergebnisse, auf Düngungs- und Anbauversuche bei Privaten, auf Versuche mit Trinkwasserreinigung, auf Verbreitung von bewährtem Saatgut und Kunstdünger, auf Abhaltung von Moorkulturkursen, auf Veröffentlichungen u. dgl. Unter der Leitung der Anstalt werden durch Gefangene Moorgründe im Chiemsee- und Karolinenfelder Moore ultiviert.

3. Wasserbauten.

Von großer Wichtigkeit für die Landeskultur sind die Korrektionen fließender Gewässer und die Schutzbauten gegen Überschwemmungen. An den öffentlichen Flüssen werden diese Bauten durch die Kgl. Straßen- und Flußbauämter ausgeführt.

Von den öffentlichen Flußstrecken (vgl. S. 11) waren Ende 1904 korrigiert ca. 1280 km. Der Gesamtaufwand für die Korrektionen (ohne Unterhaltung) in den Jahren 1886 bis 1904 betrug aus Staatsfonds rund 37,7 Millionen M. und aus Kreisfonds rd. 5 Millionen M.

Für die Bearbeitung der von den Kreisen, Distrikten, Gemeinden und Genossenschaften beantragten Projekte über Wildbachverbauungen und Korrektionen an Privatflüssen, sowie für die Leitung der Ausführung solcher Unternehmen und für ihre Überwachung bestehen zwei Kgl. Sektionen für Wildbachverbauungen in Rosenheim und Kempten (Kgl. VO. vom 9. August 1902 — GVBl. S. 456.) In den vergangenen 20 Jahren wurden zahlreiche Wildbäche in Oberbayern und Schwaben mit einem Aufwande von ca. 4 Millionen M. verbaut. Auch viele Privatflüsse mit einem Aufwande von über 4,5 Millionen M. wurden korrigiert. Der Staat und die Kreise leisteten erhebliche Zuschüsse.

4. Flurbereinigung. Abmarkung.

Die Flurbereinigung, d. i. die zum Zwecke der besseren Benützung des Grund und Bodens durchzuführende Zusammenlegung von Grundstücken und Regelung von Feldwegen, ist in Bayern bei dem Überwiegen des Klein- und Mittelbesitzes und der starken Gemenglage der Grundstücke von großer Wichtigkeit.

Zur Leitung und Durchführung der Flurbereinigungsunternehmen besteht in München seit dem 1. Januar 1887 die Kgl. Flurbereinigungskommission (Ges. vom 29. Mai 1886 / 9. Juni 1899 — GVBl. 1899, S. 469, 507). Dieselbe ist besetzt mit einem höheren Verwaltungsbeamten, 62 technischen Beamten (Geometern und Kulturingenieuren) und 22 Rechnungs-, Zeichnungs- und Messungsgehilfen. Als nichtständige Mitglieder gehören der Kommission Vertreter der Kgl. Staatsministerien der Justiz, des Innern und der Finanzen an. Für einzelne Unternehmen werden auch die technischen Beamten der Messungsbehörden beigezogen. Der Jahresetat der Kommission beträgt im Jahre 1905: 271 705 M.

Bis Ende Mai 1905 sind bei der Kgl. Flurbereinigungskommission 1301 Anträge auf Flurbereinigungen eingekommen. Hiervon sind fertiggestellt 562, in Ausarbeitung genommen 87, zur Inangriffnahme eingeleitet 185, abgewiesen oder eingestellt 175 und zunächst lediglich vorgemerkt 292.

Von den fertiggestellten sind:

Zusammenlegungen 212 mit 45 740 ha und 19 600 Grundeigen-
Feldwegregelungen 350 „ 8 770 „ „ 20 479 tümern

Wenn irgend angängig, wird mit der Flurbereinigung eine Regelung der Wasserläufe, Be- und Entwässerung verbunden.

Die Wertserhöhungen wurden bei den Zusammenlegungen auf über 11 000 000 M. und bei den Feldwegregelungen auf 3 100 000 M. berechnet.

Die Feldwegregelungen werden hauptsächlich in der Pfalz und die Zusammenlegung im rechtsrheinischen Bayern, vor allem in Schwaben, Mittelfranken, Unterfranken und in Teilen von Oberbayern durchgeführt.

Das Flurbereinigungsverfahren ist möglichst einfach geregelt. Von dem gesetzlich zulässigen Zwange gegen beteiligte Grundbesitzer mußte bis jetzt in ganz wenigen Fällen Gebrauch gemacht werden.

Die vorgemerkten Unternehmen werden nach der Reihenfolge und der Dringlichkeit in Angriff genommen. Die große Zahl der Vormerkungen ist bedauerlich und zunächst auf den Mangel an Personal zurückzuführen. Eine raschere Vermehrung dieses war bisher wegen Mangel geeigneter Bewerber nicht tunlich.

Von den Kosten der Flurbereinigungsunternehmen werden Kosten. die Kosten für die Kommission, einschließlich der für Besichtigungen und Tagsfahrten, dann die Kosten der technischen Revision der Projekte, sowie der Pläne und Katasterarbeiten vom Staate getragen. Die übrigen Kosten haben die beteiligten Grundeigentümer aufzubringen. Jedoch auch diese Kosten werden vorschußweise aus einem staatlichen Fond, „Flurbereinigungsfond“, bestritten und zumeist bis zur

Hälfte nachgelassen.[1]) Die sog. Unternehmens-Ausarbeitungskosten betragen im Durchschnitte für 1 ha 10 bis 20 M., ohne die Kosten der sog. Folgeeinrichtungen (Wege, Gräben rc.).

Abmarkung. Mit Rücksicht auf die Bedeutung einer guten, dauerhaften Abmarkung für die Sicherheit des Grundeigentums wurde durch Gesetz vom 30. Juni 1900 (GVBl. S. 553) die Abmarkung der Grundstücke neu geregelt und hiebei ein ziemlich weitgehender öffentlichrechtlicher Zwang zur Abmarkung der Grenzen eingeführt. Dagegen wurden aber auch die Kosten der Beteiligung der staatlichen Geometer am Abmarkungsgeschäfte auf den Staat übernommen und ein sog. Abmarkungsfond gebildet, aus welchem vorschußweise die Kosten für die Grenzsteine bestritten werden, die den Beteiligten bei Abmarkungen ganzer Gemeinden oder Gewannen, dann bei Flurbereinigungen und Neumessungen erwachsen. Die Rückzahlung kann bis zur Hälfte nachgelassen werden. Der Aufwand des Staates für Abmarkungen beträgt jährlich gegen 200000 M.

5. Wasserversorgung.

Um den Gemeinden die Verbesserung der Wasserversorgungsverhältnisse im Interesse der Feuersicherheit und der Deckung des Trink- und Nutzwasserbedarfes zu erleichtern, ist seit dem Jahre 1878 ein staatliches Wasserversorgungsbureau in München errichtet, welches die Aufgabe hat, jenen Gemeinden, welche ihre Wasserversorgungsverhältnisse zu verbessern wünschen, durch Aufstellung der Projekte und durch Leitung der Bauausführung, sowie durch Begutachtung der von anderen Technikern aufgestellten Projekte behilflich zu sein. Der Beirat und die Beihilfe des Wasserversorgungsbureaus werden in der Regel kostenlos gewährt. Das Wasserversorgungsbureau (K. VO. vom 11. Mai 1900 — GVBl. S. 443) ist mit einem Oberbaurat als Vorstand, dann mit der erforderlichen Anzahl von Bauamtmännern, Bauamtsassessoren, Maschineningenieuren sowie

[1]) Bis Ende 1904 wurden 500000 M. Kosten vorgeschossen und hiervon rd. 250000 M. nachgelassen.

mit dem nötigen Hilfspersonal besetzt. Der Jahresetat des Wasserversorgungsbureaus beträgt zurzeit rd. 110500 M. Bis Ende Mai 1905 wurden 1089 vorzugsweise landwirtschaftlichen Interessen dienende Wasserversorgungsanlagen ausgeführt und zwar:

a) nach den Plänen und unter Oberleitung des Wasserversorgungsbureaus: 554 Anlagen in 794 Orten mit einem Bauaufwande von rd. 27516000 M.;

b) nur unter teilweiser Mitwirkung des Wasserversorgungsbureaus (Prüfung von Projekten bzw. Abrechnungen): 535 Anlagen für 644 Orte mit einem Bauaufwande von rd. 20929000 M.

Ländliche Gemeinden erhalten zu Wasserversorgungsanlagen aus dem staatlichen Fond für Förderung des Feuerlöschwesens Zuschüsse (vgl. S. 78). An solchen wurden bis Ende Mai 1905 im ganzen 7442000 M. bewilligt. Ferner gewährt die Kgl. Landeskultur-Rentenanstalt zu gleichem Zwecke Darlehen (vgl. S. 85).

6. Geognostische Landesuntersuchung.

Die geognostische Landesuntersuchung ist dem Kgl. Oberbergamte München übertragen, bei welchem hierfür ein besonderer Vorstand mit dem nötigen Personal, zurzeit 3 Landesgeologen, 1 Assistent, 1 Zeichner, aufgestellt ist (§ 6 Abs. 6, § 7 Abs. 2 der K. VO. vom 30. Juli 1900 — GVBl. S. 839). Der Jahresaufwand beträgt dermalen 31000 M. Eine der Hauptaufgaben der geognostischen Landesuntersuchung liegt in der Herstellung geognostischer Karten, welche den Landwirten Aufschluß über das Gestein des Untergrundes geben, woraus dann die Verhältnisse des eigentlichen Bodens, der oberflächlichen Verwitterungsschicht abgeleitet werden können. Die geognostischen Karten des Königreichs Bayern sind im Maßstab von 1:100000 und die Detailaufnahmkarten im Maßstab von 1:25000 hergestellt. Auch mit der genauen Untersuchung einzelner Gebiete in Rücksicht auf die praktische Verwendbarkeit von Gesteinsablagerungen, auf Rutschgefahr, Senkungen, Wasserversorgungen befaßt sich die geognostische Abteilung.

7. Hydrotechnisches Bureau.

Die Erforschung der Grundlagen einer rationellen Wasserwirtschaft durch Beobachtung des gesamten niederfallenden Wassers auf seinem Wege über und unter der Bodenfläche, durch Feststellung der Entstehungsbedingungen und der Natur der einzelnen Wasserläufe, Wasserbecken, Grund- und Sickerwasser bezüglich ihrer nützlichen und schädlichen Eigenschaften 2c. ist dem am 1. Oktober 1898 ins Leben getretenen Kgl. Hydrotechnischen Bureau in München übertragen (K. VO. vom 18. Juni 1898 — GVBl. S. 329). Dasselbe ist mit einem Vorstand, zwei weiteren wasserbautechnischen Beamten, einem Kulturingenieur und dem nötigen Hilfspersonal besetzt und hat zurzeit einen Jahresetat von 81000 M. Das hydrotechnische Bureau hat zahlreiche Beobachtungsstationen für Niederschlag und Abfluß des Wassers und Pegelstationen an Flüssen und Bächen eingerichtet, legt die gewonnenen Ergebnisse in seinem Jahrbuche und in genauen Wasserkarten nieder, gibt Sonderbearbeitungen wichtiger Flußgebiete heraus, organisiert den Hochwassernachrichtendienst für die größeren Wasserläufe, bearbeitet wichtige Fragen der Ausnützung von Wasserkräften usw.

8. Wetternachrichtendienst.

Bezüglich der Einrichtung des Wetternachrichtendienstes ist Bayern weiter vorgeschritten als die meisten anderen deutschen Staaten. Die Kgl. Meteorologische Zentralstation München sammelt die einschlägigen Grundlagen in umsichtigster Weise und gibt täglich Wetterkarten und Wetterprognosen heraus. Die Wettervorhersage wird täglich telegraphisch allen Telegraphenanstalten und den mit Telegraph oder Telephon ausgestatteten Bahnstationen kostenfrei übermittelt und von da durch die Post auch an jene Postanstalten ohne Telegrapheneinrichtung gebührenfrei weiterbefördert, bei welchen die Nachricht unter Benützung der regelmäßigen Beförderungsgelegenheit noch am gleichen Tage eintreffen kann. Durch Anschlag wird die Prognose veröffentlicht. Privatinteressenten können sich gegen billige Gebühr auf die tägliche Wettervorhersage abonnieren.

C. Versuchswesen.

Für die Untersuchung landwirtschaftlicher Gebrauchsgegenstände, Erzeugnisse u. dgl. sowie für Bearbeitung einschlägiger Fragen stehen folgende Anstalten zur Verfügung: 1. die Kgl. Landwirtschaftliche Zentralversuchsstation in München, insbesondere für chemische Untersuchungen; 2. die Kgl. Agrikulturbotanische Anstalt für die Untersuchung von Saatwaren, von Futtermitteln, sowie für Untersuchungen auf dem Gebiete des Pflanzenschutzes; 3. die Kgl. Saatzuchtanstalt Weihenstephan; 4. die Kgl. Moorkulturanstalt; 5. die landwirtschaftlichen Kreisversuchsstationen in Speyer, Triesdorf, Würzburg und Augsburg, insbesondere für chemische Untersuchungen; 6. die Untersuchungsanstalt des Milchwirtschaftlichen Vereins im Allgäu und das Laboratorium des Milchwirtschaftlichen Vereins für Niederbayern; 7. die öffentlichen Untersuchungsanstalten für Nahrungs- und Genußmittel in München, Speyer, Würzburg, Erlangen, Fürth und Nürnberg; 8. die Brennereitechnische Anstalt Weihenstephan und 9. die Laboratorien der Kgl. Akademie für Landwirtschaft, und Brauerei in Weihenstephan, namentlich für die Landwirte der Umgebung. Die bei 2, 3, 4, 6 und 8 erwähnten Anstalten sind bereits auf S. 28, 29, 73 u. 74 behandelt worden.

Die Tätigkeit der Versuchsstationen ist eine sehr rege. So hat insbesondere die Landwirtschaftliche Zentralversuchsstation im Jahre 1903 2982 Gegenstände, darunter 2054 Düngemittel, 573 Futtermittel, 136 Milch- und Molkereierzeugnisse und 132 Bodenarten und Gesteine untersucht. Daneben hat sie zahlreiche Versuche verschiedenster Art, insbesondere Fütterungsversuche, ausgeführt.

Die vier Kreisversuchsstationen untersuchten im Jahre 1903 9633 Gegenstände, darunter 6815 Düngemittel, 657 Futtermittel, 411 Saatwaren, 1197 Milch- und Molkereierzeugnisse.

Die Gebühren der Versuchsstationen sind mäßig; vielfach bestehen sog. Kontrollverträge.

Die öffentlichen Untersuchungsanstalten für Nahrungs- und Genußmittel führten im Jahre 1904: 103 146 Untersuchungen durch.

D. Landwirtschaftliches Unterrichtswesen.

Der landwirtschaftliche Unterricht hat namentlich in den letzten Jahren eine weitgehende Ausgestaltung erfahren. Es bestehen auf diesem Gebiete folgende Einrichtungen:

1. Die landwirtschaftliche Abteilung an der Kgl. Technischen Hochschule in München.

Die 1872 errichtete landwirtschaftliche Abteilung ist eine an die Technische Hochschule angegliederte landwirtschaftliche Hochschule, der die Aufgabe zufällt, Landwirten eine volle hochschulmäßige Ausbildung zu gewähren. An der Erfüllung ihrer Aufgaben wirken die Technische Hochschule mit ihren anderen fünf Abteilungen, die Universität, die Tierärztliche Hochschule, die Moorkulturanstalt und die Agrikulturbotanische Anstalt mit.

Dem Professorenkollegium der landwirtschaftlichen Abteilung gehören drei ordentliche Professoren und ein außerordentlicher sowie zwei Assistenten an. Ferner wirken an ihr der Generalsekretär des Bayerischen Landwirtschaftsrats, der Landeskulturingenieur, der Direktor der Moorkulturanstalt und der Direktor der Agrikulturbotanischen Anstalt.

Von den Attributen der Abteilung sind zu erwähnen das agrikulturchemische Laboratorium, das landwirtschaftliche Laboratorium, das Versuchsfeld und die reichhaltigen Sammlungen für alle Zweige des landwirtschaftlichen Fachstudiums, dann die bei der Kgl. Akademie für Landwirtschaft und Brauerei in Weihenstephan eingerichtete kulturtechnische Demonstrationsanlage.

Der Lehrplan ist auf ein dreijähriges Studium berechnet.

Der landwirtschaftlichen Abteilung obliegt zum Teil auch die Ausbildung der Kulturingenieure und der Vermessungsingenieure.

In den letzten drei Jahren studierten an der landwirtschaftlichen Abteilung (W. = Wintersemester, S. = Sommersemester):

	Landwirte:	Kulturingenieure:	Vermessungsingenieure:
W. 1903/04 .	71	53	204
S. 1904 . .	83	57	195
W. 1904/05 .	75	61	172

Der budgetmäßige Aufwand für die landwirtschaftliche Abteilung nebst der Landwirtschaftlichen Zentralversuchsstation betrug in den Jahren 1904 und 1905 jährlich 72647 M.

2. Die Kgl. Akademie für Landwirtschaft und Brauerei in Weihenstephan bei Freising.

Die Akademie hat als Fachschule für Landwirtschaft und Brauerei vornehmlich die Aufgabe, durch theoretischen Unterricht und durch Demonstrationen in den Anstaltsbetrieben eine höhere Ausbildung in der Landwirtschaft und Brauerei zu gewähren. Außerdem soll sie durch ihre Hilfsmittel und durch Tätigkeit des Lehrpersonals zur theoretischen und praktischen Förderung der Landwirtschaft und Brauerei nach Tunlichkeit beitragen und den Landwirten und Brauern als Beratungsorgan dienen, Versuche durchführen und anregen u. dgl. Der Lehrstoff ist für die Landwirtschaft auf vier und für die Brauerei auf zwei Semester verteilt. Die Unterrichtserteilung geschieht in Form von Vorträgen, Repetitorien, praktischen Übungen und Demonstrationen, Exkursionen und fachlichen Debatten. Auch werden Sonderkurse für Molkerei, Brauerei, Brennerei u. a. abgehalten.

Mit der Akademie sind eine Gartenbauschule (vgl. S. 39), eine Molkereischule (S. 72), eine Saatzuchtanstalt (S. 28), eine Versuchs- und Lehrbrennerei (S. 74), eine Versuchsbrauerei (S. 32) und eine Prüfungsanstalt für landwirtschaftliche und Brauereimaschinen (S. 27) verbunden. Als Lehrattribute kommen ferner in Betracht: ein Gutsbetrieb mit rd. 280 ha, eine Großbrauerei, Brennerei, Molkerei, Baumschulen und Gärtnerei, ökonomisch-botanischer Garten, Moorkulturstation, Hopfenvarietäten-Garten, meteorologische Station, kulturtechnische Demonstrationsanlage, Versuchsfelder, Laboratorien und Sammlungen verschiedenster Art.

Das Personal der Akademie umfaßt 1 Direktor, 9 Professoren, 3 Lehrer, 9 Assistenten u. dgl., 12 Lehrkräfte von außerhalb sowie 3 Verwaltungsbeamte nebst einer Anzahl von Gehilfen und Dienern.

Der Besuch der Akademie war

	1903/04:	1904/05 (W.-S.):
in der landwirtschaftlichen Abteilung	54	87
„ „ brautechnischen Abteilung	81	84

Die verschiedenen Spezialkurse waren z. B. im Jahre 1903/04 im ganzen von 357 Personen besucht.

Der Staatszuschuß zur Akademie betrug in den Jahren 1904 und 1905 jährlich 111 168 M.

3. Landwirtschaftliche Mittelschulen.

Landwirtschaftliche Mittelschulen, bei denen das Bestehen der Abgangsprüfung die Befähigung zum einjährig-freiwilligen Militärdienst verleiht, sind die Kgl. Kreislandwirtschaftsschule in Lichtenhof und die Kgl. Landwirtschaftsschule in Pfarrkirchen. Die Schulen haben ein auf fünf Klassen sich erstreckendes Unterrichtsprogramm. Die erstere Schule ist eine Anstalt des mittelfränkischen Kreises, die letztere eine solche der Stadtgemeinde Pfarrkirchen, welche für die Schule Zuschüsse vom Staate und Kreise erhält. Mit der Schule in Pfarrkirchen wird noch eine kulturtechnische Schule verbunden werden.

Die Zahl der Schüler an den Landwirtschaftsschulen zu Beginn des Schuljahres war:

	1903/04:	1904/05:
Lichtenhof	97	99
Pfarrkirchen	107	112

Die Lehrkräfte der Schulen beteiligen sich durch Vorträge in Versammlungen, durch Kurse, durch Versuche u. dgl. an der praktischen Förderung der Landwirtschaft. Die Schulen verfügen über Versuchsfelder.

4. Kreisackerbauschulen.

Die Kreisackerbauschulen haben die Aufgabe, junge Leuten, vorzugsweise Söhne von Landwirten, durch theoretischen Unterricht und durch praktische Unterweisung im Landwirtschaftsbetriebe zur bestmöglichen Führung der von ihnen dereinst zu übernehmenden Ökonomieanwesen zu befähigen oder sie zu brauchbaren Unterverwaltern auszubilden.

Bayern hat Ackerbauschulen in Landsberg a. L., in Schönbrunn bei Landshut, in Kaiserslautern, in Bayreuth und in Triesdorf bei Ansbach. Die fünf Schulen sind Kreisanstalten. Sie sind sämtlich mit Internat, mit einem landwirtschaftlichen Betrieb, in dem die Schüler verwendet werden, mit Versuchsfeldern, Obstanlagen, Sammlungen usw. ausgestattet. Der Unterricht dauert an allen Schulen zwei Jahre; bei einigen Schulen schließt sich ein dritter Kurs für Praktikanten an. Fast an allen Ackerbauschulen werden Sonderkurse für Molkerei, Schäferei, Stallhaltung, Baumpflege ꝛc. abgehalten.

Der jährliche Aufwand der Kreise für die Schule beträgt rd. 10000—22000 M.

Die Zahl der Schüler an den Kreisackerbauschulen war am Beginn des Schuljahres

1903/04:	1904/05:
249	237.

5. Landwirtschaftliche Winterschulen.

Diese Schulen haben die Bestimmung, den Söhnen von Landwirten, insbesondere von bäuerlichen Grundbesitzern, nach vollendetem Volksschulbesuche durch Unterricht in den Wintermonaten eine landwirtschaftlich-fachliche, auf einen verständigen Wirtschaftsbetrieb hinleitende Ausbildung in angemessenem Umfange zu gewähren und zugleich Gelegenheit zu bieten, die in der Volksschule erworbenen Kenntnisse und Fähigkeiten nach der praktischen Seite hin zu ergänzen und zu erweitern. Auf die Verhältnisse der betreffenden Gegend wird bei der fachlichen Ausbildung besondere Rücksicht genommen. Der Unterricht ist leichtfaßlich unter Vermeidung überflüssiger theoretisch-wissenschaftlicher Exkurse zu erteilen. Auf Demonstrationen ist Bedacht zu nehmen. Die Winterschulen sind zweikursig; die Dauer eines Kurses erstreckt sich auf mindestens $4^1/_2$ Monate. Der Unterricht ist zumeist unentgeltlich. An fünf Winterschulen bestehen Internate. Durch zahlreiche Stipendien (ca. 24000 M. jährlich) wird der Besuch gefördert.

Die Winterschulen sind zum Teil von den Kreisgemeinden, zum Teil von den Distriktsgemeinden und zum Teil von landwirtschaftlichen Bezirks- oder Kreisausschüssen eingerichtet. Zur Einrichtung der Schulen, Anlage von Versuchsfeldern u. dgl. werden staatliche Zuschüsse gewährt.

An den meisten Winterschulen sind vom Staate angestellte Landwirtschaftslehrer als Vorstände oder Hauptlehrer aufgestellt, die zu der Zeit, welche sie nicht dem Unterrichte zu widmen haben, als Wanderlehrer in dem ihnen zugewiesenen Bezirke tätig sind. Hierbei haben sie als Wanderlehrer nicht lediglich Vorträge abzuhalten, sondern ihre Hauptaufgabe ist, regelmäßig ihre Bezirke zu bereisen, sich in den Gemeinden zur Information und Belehrung der Landwirte im Betriebe aufzuhalten, kürzere Kurse durchzuführen u. dgl.

Zurzeit bestehen Winterschulen in:

Oberbayern	5,	an denselben	staatliche	Wanderlehrer		4
Niederbayern	6	„	„	„	„	4
der Pfalz	7	„	„	„	„	7
„ Oberpfalz	6	„	„	„	„	6
Oberfranken	2	„	„	„	„	3
Mittelfranken	7	„	„	„	„	7
Unterfranken	1	„	„	„	„	2
Schwaben	5	„	„	„	„	5
im Königreich	39,	an denselben	staatliche	Wanderlehrer		38.

Die Schülerzahl an den Winterschulen am Beginne des Winterhalbjahres war:

1903/04:	1904/05:
1358	1395

Für den naturwissenschaftlichen und landwirtschaftlichen Unterricht an den Winterschulen ist durch den Verband bayerischer Landwirtschaftslehrer mit staatlicher Unterstützung ein besonderes Lehrbuch (Verlag Eug. Ulmer in Stuttgart) herausgegeben worden.

Die Fortbildung der Landwirtschaftslehrer an den Winterschulen wird durch Kurse, Konferenzen u. dgl. gefördert.

Der staatliche Aufwand für diese Landwirtschaftslehrer beträgt zurzeit jährlich rd. 154000 M. Im übrigen wurden aus öffentlichen Mitteln für die Winterschulen in den Jahren 1897 bis 1904 rd. 1080000 M. aufgewendet.

6. Ländliche Haushaltungsschulen

bestehen zurzeit in Bayern 14, deren Besuch durch Stipendien gefördert wird (10100 M.).

7. Landwirtschaftliche Fortbildungsschulen

bestanden in den Jahren 1903/04 387 mit 7524 Schülern,
1904/05 374 „ 7318 „

Der Rückgang im Stande dieser Schulen liegt wohl in der Vermehrung der Winterschulen und ihres Besuches.

Aus öffentlichen Mitteln werden jährlich rd. 69000 M. für diese Schulen verwendet.

8. Sonderschulen.

a) Die Kgl. Gartenbauschule Weihenstephan.

An dieser Schule erhalten Unterricht:

1. Gartenbauschüler bei zweijährigem Lehrgang mit Internat,
2. Obstbauschüler bei zwölfmonatlicher Lehrzeit mit Internat und
3. Baumwärter in vierwöchentlichen Kursen. Ferner werden noch kürzere Obstbaukurse für Beamte, Geistliche, Lehrer u. dgl., dann Obstverwertungskurse für Frauen (vgl. S. 39 u. 40) abgehalten.

An der Gartenbauschule wirken ein Garteninspektor als Vorstand, zwei Fachlehrer und acht Nebenlehrer. Sie ist mit einer Obst- und Gehölzbaumschule, einem Obstmuttergarten, Formobstanlagen, Weinspalieren, Gemüsetreibereien, Blumenkulturen, Frühbeeten, Gewächshäusern, Obstverwertungshalle, Sammlungen rc. ausgestattet. Der jährliche Besuch ist bei der Gartenbauschule ca. 12 bis 16, beim Obstbaukurs ca. 4 bis 8, beim Baumwärterkurs ca. 25 Schüler. Der Staatszuschuß beträgt zurzeit jährlich rd. 14100 M.

b) Die Kgl. Wein-, Obst- und Gartenbauschule Veitshöchheim.

Die Schule vermittelt in einem ordentlichen Lehrgange jungen Landwirten, Söhnen von Weingutsbesitzern usw. die zur Bewirtschaftung eines landwirtschaftlichen Besitzes mit Weinbergen, Obst- und Gemüsegärten erforderlichen Fachkenntnisse (Winzerkurs) und gibt Gärtnern Gelegenheit, sich eine bessere wissenschaftliche und praktische Berufsbildung anzueignen (Gärtnerkurs); ferner hält sie kürzere Kurse für Belehrung und praktische Anleitung von Weinberg- und Gartenbesitzern, Obstbautreibenden, Weinhändlern, Winzern, Küfern und anderen Interessenten und insbesondere auch für Baumwärter ab. Zugleich soll die Schule durch Verwertung der Ergebnisse wissenschaftlicher Forschung und der praktischen Erfahrungen auf dem Gebiete des Wein-, Obst- und Gartenbaues, sowie durch eigene Versuche zur Förderung des heimischen Wein-, Obst- und Gartenbaues beitragen. Die Schule verfügt über Weingärten, Obstbaumschulen und Obstmuttergarten, Gartenland, Formobstanlagen und Weinspaliere, Kellerei, Gemüse- und Blumenkulturen, Frühbeete und Gewächshaus, Brennerei, Sammlungen und Bienenstand.

Der Lehrgang beginnt der Regel nach für den Winzer- und Gärtnerkurs am 15. Februar und endet am 31. Januar jeden Jahres. Obstbau- und Baumwärterkurse finden alljährlich statt und dauern sechs Wochen; die Unterrichtszeit ist auf das Frühjahr und den Spätsommer verteilt. Außerordentliche kürzere Kurse werden nach Bedürfnis abgehalten.

Die Schule ist mit einem Vorstande und zwei weiteren Fachlehrern sowie mit dem erforderlichen Hilfs- und Nebenlehrerpersonal besetzt. Die Schule weist zurzeit 17 Schüler auf. Auch Obstbaukurse für Beamte, Lehrer &c. werden alljährlich dort abgehalten. Der ordentliche Staatszuschuß beträgt zurzeit 27000 M. jährlich.

c) Die Kgl. Wein- und Obstbauschule Neustadt a. H.

Diese Schule ist eine mit staatlicher Unterstützung ausgestattete Anstalt der Stadt Neustadt a. H. und hat die

Bestimmung, jungen Leuten in einem Jahreslehrgange neben der Fortbildung in den Realien durch Unterweisung in den Grundlehren der Naturkunde und den für den Betrieb des Wein- und Obstbaues bedeutsamen Fachgegenständen eine angemessene Berufsbildung zu vermitteln, sowie außerdem Weinbergsbesitzer, Winzer, Küfer usw., dann Obstbautreibende, Baum- und Straßenwärter durch Unterricht und praktische Anleitung in kürzeren Kursen zur bessern Erfüllung ihrer Berufsaufgaben zu befähigen.

An der Schule finden ordentliche Jahreskurse und kürzere Spezialkurse statt.

Das Lehrpersonal der Anstalt besteht zurzeit aus dem Schulvorstande, zugleich erster Hauptlehrer, einem zweiten Hauptlehrer für Weinbau, Obstbau und Kellerwirtschaft und dem erforderlichen Nebenlehrer- und Hilfspersonal.

Die Zahl der Besucher des Jahreskurses betrug

	1903/1904:	1904/1905:
im Winterhalbjahr	16	12
im Sommerhalbjahr	10	—

Die Schule ist mit Obstanlagen, Baumschulen und Weingärten, sowie mit einer Obstverwertungsstation ausgestattet.

Der Jahresaufwand für die Schulen beträgt rd. 25,000 Mark, wozu der Staat 10,000 M., der Kreis und die Distrikte 6000 M. leisten.

d) Die distriktive Obstbau- und Weinbauschule Schönau bei Lindau.

Diese ist vorwiegend zur Förderung des Obst- und Weinbaues der Bodenseegegend bestimmt. Es finden dort Kurse im Wein-, Obst- und Gemüsebau in der Dauer von 6 Monaten (je 3 Monate im Frühjahr und im Herbst) statt. Der staatlich bezahlte Fachlehrer ist zugleich Wanderlehrer. Die Schülerzahl beträgt zurzeit 16.

e) Die Kgl. Molkereischule Weihenstephan.

Diese hat den Zweck, durch theoretischen und praktischen Unterricht tüchtige Arbeiter (Meier oder Molker) für Molkereibetriebe hauptsächlich mit Butterbereitung heranzubilden. Unterweisungen in der Käsebereitung finden insoweit statt, als diese für Molkereibetriebe bezeichneter Art in Betracht kommen. Der Unterricht umfaßt auch Stallwirtschaft mit Viehpflege und insbesondere Melken. Jährlich finden zwei fünfmonatliche Molkereikurse mit je 8, höchstens 10 Schülern statt.

Außer den ordentlichen Lehrkursen werden an der Molkereischule auch kürzere Molkereikurse von 6—12 tägiger Dauer für Betriebsleiter, Gutsverwalter und Molkereibeflissene, dann für Studierende der Kgl. Technischen Hochschule und der Kgl. Akademie, ferner kurze Melkkurse abgehalten.

Die Molkereischule ist mit einer Schulmolkerei, Laboratorium, Kellern usw. gut ausgerüstet. Der jährliche Staatszuschuß zur Schule beträgt zurzeit rd. 8500 M.

f) Sonstige landwirtschaftliche Sonderschulen.

Die Kgl. Tierärztliche Hochschule in München und die Hufbeschlagschulen. Die letzteren sind in Bayern Staatsanstalten und bestehen in München im Anschlusse an die Kgl. Tierärztliche Hochschule, dann in Landshut, Zweibrücken, Regensburg, Nürnberg, Würzburg und Augsburg. An der Hufbeschlagschule in München finden jährlich 4, an den übrigen je 2 Lehrkurse statt. Die Kursdauer beträgt 4, in Zweibrücken 3 Monate. Im Durchschnitte absolvieren jährlich fast 190 Hufschmiede die Kurse. Der jährliche Staatsaufwand für die Hufbeschlagschulen, außer der in München, beträgt zurzeit rd. 35.000 M. Ein Assistent an der Hufbeschlagschule München ist zugleich als Wanderlehrer für Hufbeschlag in Oberbayern tätig.

g) Gewerbliche Fachschulen.

Von Interesse sind schließlich noch die gewerblichen Fachschulen, welche auch der ländlichen Hausindustrie dienen.

Als solche sind insbesondere zu nennen: die Fachschulen für Holzbearbeitung (Distrikts-Zeichen- und -Schnitzschulen in Berchtesgaden und Partenkirchen, die Zeichen-, Modellier- und Schnitzschule in Oberammergau, Holzschnitzschule in Bischofsheim

v. d. Rhön, Holzschnitzschule auf dem Neuhammer im Spessart, Zeichen- und Modellierschule in Kupferberg rc.), die Fachschulen für Textilindustrie (Kgl. höhere Webschule in Münchberg, Städtische Webschule in Lambrecht, Kreiswebschule in Passau, Fachschule für Stickerei in Enchenreuth in Oberfranken, Fachschule für Spitzenklöppelei in Stadlern in der Oberpfalz), die Fachschulen für Keramik (Töpferschule in Landshut, Fachschule für Glasindustrie in Zwiesel mit Abteilung für Holzschnitzerei rc.), die Fachschule für Korbflechterei in Lichtenfels, die Geigenbauschule in Mittenwald rc. rc.

Der Besuch aller Schulen wird in reichlichem Maße durch Stipendien aus Mitteln des Staates, der Kreise, der Distrikte und der landwirtschaftlichen Bezirks- und Kreisausschüsse gefördert.

9. Wanderunterricht.

Die Übertragung des Wanderunterrichts an die Vorstände oder Hauptlehrer der landwirtschaftlichen Winterschulen hat sich bewährt. Neben den staatlichen Wanderlehrern sind für den Wanderunterricht im allgemeinen nur vom Kreise Oberbayern zwei Kreiswanderlehrer im Hauptamte und ein Wanderlehrer im Nebenamte bei den landwirtschaftlichen Schulen in Landsberg a. L. aufgestellt. Die Wanderlehrer haben bis Ende 1904 3907 Vorträge aus den verschiedensten landwirtschaftlichen Gebieten in Versammlungen von landwirtschaftlichen Bezirksvereinen, Gemeinden, Genossenschaften usw., 588 Kurse mit 15328 Teilnehmern und 954 Maschinenvorführungen abgehalten, 17080 Besuche von Ortschaften und 3765 Anbau- und Düngungsversuche durchgeführt und 69579 schriftliche Auskünfte erteilt.

Auch abgesehen von den Wanderlehrern ist in ausgiebiger Weise, insbesondere in den verschiedenen Spezialgebieten, für Erteilung des Wanderunterrichts Sorge getragen. Es stehen namentlich zur Verfügung: die Kulturingenieure und Beamten der Moorkulturanstalt für das Meliorationswesen, die Beamten der Flurbereinigungskommission, der Leiter der Auskunftsstelle für landwirtschaftliches Bauwesen, der Leiter der Kgl. Maschinenprüfungsanstalt in Weihenstephan, die Beamten der Kgl. Agrikulturbotanischen Anstalt und der Kgl. Saatzuchtanstalt, der Konsulent für Hopfenbau, der Landesinspektor für Weinbau, die Sachverständigen in Reblausangelegenheiten, der Konsulent für Obst- und Gartenbau, sowie die Kreisobstbauwanderlehrer, der Landesinspektor für Tierzucht mit 16 Zuchtinspektoren und die Tierärzte, der Wanderlehrer für Hufbeschlag, der Konsulent für Fischerei, der Konsulent für Milchwirtschaft und die Wanderlehrer der milchwirtschaftlichen Vereine, der Leiter der Brennereitechnischen Anstalt in Weihenstephan, die Beamten des Landesverbandes landwirtschaftlicher Darlehenskassen rc., die Dozenten der landwirtschaftlichen Schulen, die Beamten der landwirtschaftlichen Kreisversuchsstationen und die technischen Sekretäre der landwirtschaftlichen Kreisausschüsse. Auch die Kgl. Forstbeamten übernehmen forstliche Vorträge und die Leitung von Waldbegehungen u. dgl. Die Zahl der bei Versammlungen landwirtschaftlicher Bezirksausschüsse gehaltenen Vorträge beträgt im Jahresdurchschnitte gegen 1200. In neuerer Zeit wurden auch öfter mehrtägige Lehrgänge mit Vorträgen und Vorführungen über verschiedene landwirtschaftlich wichtige Fragen für ältere Landwirte abgehalten.

Aus öffentlichen Mitteln wurden in den Jahren 1897 bis 1904 rd. 130000 M. für den landwirtschaftlichen Wanderunterricht, ohne den staatlichen Aufwand für die Landwirtschaftslehrer, aufgewendet.

Die Wanderlehrer wurden vom Staatsministerium des Innern besonders auch mit der Abhaltung von Buchführungskursen für ältere Landwirte beauftragt, für welche Kurse vom genannten Ministerium unentgeltlich Formulare (ca. 5000 Stück) der von Ökonomierat Dürig und Landwirtschaftslehrer Maier-Bode herausgegebenen „Buchführung für bayerische Landwirte mit Anleitung" verteilt wurden. Bis Ende 1904 fanden 262 solche Kurse mit 5960 Teilnehmern statt.

IX. Landwirtschaftliches Vereinswesen. Ausstellungen.

Zur Förderung und Vertretung aller Interessen der bayerischen Landwirtschaft besteht der Landwirtschaftliche Verein. Die Vertretungskörper des Vereins bilden in landwirtschaftlichen Angelegenheiten den ständigen Beirat der Organe der Kgl. Staatsregierung, welche zu Verhandlungen Vertreter abordnen kann. Landwirtschaftlicher Verein.

Der Landwirtschaftliche Verein erstreckt sich auf das ganze Königreich und gliedert sich in Bezirks- und Kreisvereine. Die Vereinsmitglieder einer Distriktsgemeinde oder einer unmittelbaren Stadt bilden den Bezirksverein, die eines Regierungsbezirkes den Kreisverein und die des ganzen Landes den Landesverein. Ende 1904 bestanden 235 Bezirksvereine mit 97 006 Mitgliedern, und zwar:

in Oberbayern . .	40	Bezirksvereine,	20 307	Mitglieder
„ Niederbayern .	29	„	12 310	„
„ der Pfalz . .	15	„	8 490	„
„ der Oberpfalz .	28	„	10 357	„
„ Oberfranken . .	28	„	10 400	„
„ Mittelfranken .	26	„	10 887	„
„ Unterfranken .	35	„	9 936	„
„ Schwaben . .	34	„	14 319	„

Wie schon diese Zahlen beweisen, gehören auch viele Be-Besitzer von kleinerem und mittlerem Besitz dem Vereine an.

Mitglieder des Vereins können werden: Landwirte und Angehörige anderer Berufsstände, die im Besitze der bürgerlichen

8

Ehrenrechte sind, dann Gemeinden, Stiftungen und Vereine. Die Gemeinden können aus der Zahl ihrer Landwirte Vertrauensmänner als Mitglieder abordnen. Der Jahresbeitrag für ein Mitglied beträgt 3 M., von welchem 1,30 M. dem Kreisausschuß zufließt, für Schullehrer 1,70 M. Wer Mitglied eines Bezirksvereins ist, ist zugleich Mitglied des Kreis- und Landesvereins. Die Leitung und Vertretung aller Vereinsangelegenheiten ist den aus freier Wahl der Vereinsmitglieder hervorgehenden Vertretungskörpern übertragen. Wenigstens die Hälfte sämtlicher Mitglieder der Vertretungskörper muß aus Personen bestehen, welche Landwirtschaft ausüben oder ausgeübt haben oder land- oder forstwirtschaftlich benützten Grundbesitz innehaben.

Organ des Bezirksvereins ist der **landwirtschaftliche Bezirksausschuß**, bestehend aus 12 bis 36 durch die Bezirksversammlung gewählten Mitgliedern. Den Bezirksausschüssen obliegt die Verwirklichung der Vereinszwecke innerhalb ihrer Bezirke, die Vertretung der landwirtschaftlichen Interessen desselben und die Anregung und Unterhaltung eines lebendigen Verkehrs mit den Landwirten. Sie haben Geschäftsabteilungen für Genossenschaftswesen, gemeinsamen Ankauf und Verkauf, Versicherungswesen, Obstbau, Waldwirtschaft usw. zu bilden und auch Wanderversammlungen abzuhalten.

Organ des Kreisvereins ist der **landwirtschaftliche Kreisausschuß**, welcher aus den von den Bezirksausschüssen für jeden Distriktsverwaltungsbezirk gewählten Vertretern (je einer), aus den vom Kreisausschusse selbst gewählten Mitgliedern und aus dem technischen Sekretär besteht. Dem Kreisausschusse obliegt insbesondere die Förderung und Vertretung der landwirtschaftlichen Interessen des Kreises, die Mitwirkung bei den Vereinsaufgaben, die Unterstützung der Bezirksausschüsse bei ihren gemeinsamen Aufgaben und die Verwendung der den Kreisausschüssen überwiesenen Vereins-, Kreis- und Staatsmittel.

Organ des Gesamtvereins ist der **bayerische Landwirtschaftsrat** in München, bestehend aus 32 Mitgliedern, von welchen je vier von jedem landwirtschaftlichen Kreisausschuß gewählt werden, dann aus 24 durch den Landwirtschaftsrat selbst gewählten Mitgliedern und aus dem Generalsekretär.

Dem Landwirtschaftsrat als der Gesamtvertretung des landwirtschaftlichen Vereins kommt die Wahrnehmung der gesamten landwirtschaftlichen Interessen des Landes, die Initiative und Mitwirkung bei der Durchführung der Vereinsaufgaben, die Erstattung von Gutachten für die Staatsregierung bei Maßnahmen und Fragen von landwirtschaftlichem Interesse und die Mitwirkung bei zentralen Einrichtungen für Förderung der Landwirtschaft zu.

Der Landwirtschaftsrat und die Kreisausschüsse haben gleichfalls für die verschiedenen Gebiete Geschäftsabteilungen zu wählen.

Allerhöchster Protektor des Landwirtschaftlichen Vereins sind Se. Kgl. Hoheit Prinz Luitpold, des Königreichs Bayern Verweser. Das Ehrenpräsidium im Landwirtschaftsrate haben Se. Kgl. Hoheit Prinz Ludwig inne, welche sich auch in der Regel an den Sitzungen beteiligen.

Die Organe des Landwirtschaftlichen Vereins entwickeln zumeist eine äußerst rege Tätigkeit. Sie wissen sowohl die Interessen der heimischen Landwirtschaft bestens zu wahren, als auch diese praktisch im engen Zusammenwirken mit den von der Staatsregierung geschaffenen Einrichtungen zu fördern.

Der bayerische Landwirtschaftsrat gibt das „*Wochenblatt des Landwirtschaftlichen Vereins in Bayern*“ mit einer Auflage von 82000 Stück heraus, welches sämtlichen Vereinsmitgliedern, mit Ausnahme der der Pfalz und von Unterfranken, unentgeltlich zugeht. Ferner läßt der Landwirtschaftsrat die „*Vierteljahrsschrift des bayerischen Landwirtschaftsrates*“ und den „*Haus- und Landwirtschaftskalender des Landwirtschaftlichen Vereins in Bayern*“ mit einer Auflage von 90000 Stück (40 Pf. das Stück) erscheinen. Vollsitzungen des Landwirtschaftsrats sind fast allmonatlich.

Der Landwirtschaftsrat hat eine Auskunftsstelle für landwirtschaftliches Bauwesen, eine Geschäftsstelle für Schlachtviehverkauf in München[1]) und eine Rechtsauskunftsstelle (jährlich ca. 3000 Auskünfte) eingerichtet und einen Vergünstigungsvertrag für Haftpflichtversicherung der Mitglieder des Landwirtschaftlichen Vereins abgeschlossen.

Die landwirtschaftlichen Kreisausschüsse und Bezirksausschüsse fördern den technischen Fortschritt und die genossenschaftliche Organisation der Landwirte auf den verschiedensten Gebieten. Die ersteren haben zumeist auch Rechtsauskunftsstellen ins Leben gerufen.

An Staatszuschüssen erhalten der bayerische Landwirtschaftsrat jährlich rd. 49000 M. und jeder Kreisausschuß 12000 M. Die letzteren beziehen auch namhafte Zuschüsse von den Kreisen und die Bezirksausschüsse von den Distrikten.

Sondervereine. Neben dem Landwirtschaftlichen Verein entfalten noch zahlreiche Sondervereine zur Förderung einzelner landwirtschaftlicher Betriebszweige eine rege Tätigkeit.

Nach der letzten Erhebung vom Jahre 1902 bestanden 9262 Sondervereine mit 586628 Mitgliedern, insbesondere:

36	Pferdezuchtvereine mit . . .	8260	Mitgliedern
930	Rindviehzuchtvereine mit . .	42214	"
177	Geflügelzuchtvereine mit . .	15781	"
471	Bienenzuchtvereine mit . . .	26710	"
122	Fischereivereine mit	9547	"
13	Hopfenbauvereine mit . . .	1041	"
34	Winzervereine mit	2524	"
939	Obst- u. Gartenbauvereine mit	55258	"
362	Molkereivereine mit	21218	"
683	Dreschgenossenschaften mit . .	16052	"
2304	Viehversicherungsvereine mit .	118905	"
2545	Darlehens- u. dergl. Vereine mit	212441	"

[1]) Im Jahre 1904 verkaufte diese 1214 Stück Groß- und 17545 Stück Kleinvieh im Werte von 1454485 M.

338	Landw. An- u. Verkaufs-Vereine mit	36848	Mitgliedern
14	Landw. Lesevereine mit . .	697	„
297	sonstige Vereine	19029	„

Verschiedene dieser Vereine, so für Geflügelzucht, Bienenzucht, Fischerei, Obstbau, Darlehenskassenvereine rc., sind in Kreisverbände oder Kreisvereine und einen Landesverband vereinigt.

Die Sondervereine erhalten gleichfalls erhebliche Zuschüsse aus öffentlichen Mitteln.

Ausstellungen. An landwirtschaftlichen Ausstellungen ist vor allem die mit dem alljährlich in München Ende September oder anfangs Oktober stattfindenden Zentrallandwirtschaftsfeste verbundene Ausstellung zu nennen. Sie umfaßt insbesondere Pferde, Rindvieh, Schweine, Molkereierzeugnisse und Maschinen. Ca. 17000 M. werden an Preisen verteilt. Der Staat gewährt zum Zentrallandwirtschaftsfeste im Durchschnitt 25000 M. Zuschuß.

Allgemeine Ausstellungen sind ferner zumeist mit den Wanderversammlungen bayerischer Landwirte verbunden, die in fast jährlichem Turnus abwechselnd in den verschiedenen Kreisen des Landes abgehalten werden und zur Erörterung landwirtschaftlich gerade interessanter Fragen dienen.

X. Der Aufwand für landwirtschaftliche Zwecke.

Der Aufwand für Förderung der Landwirtschaft hat in den letzten zwanzig Jahren eine sehr große Steigerung erfahren.

Der staatliche Aufwand betrug

in den Jahren 1880	und 1881	je	1 847 229	M.
„ „ „ 1890	„ 1891	„	2 353 099	„
„ „ „ 1900	„ 1901	„	6 758 630	„
„ „ „ 1904	„ 1905	„	8 061 356	„

d. i. eine Mehrung von 1880 und 1881 bis 1904 und 1905 um 336,4 %

und von 1890 und 1891 bis 1904 und 1905 um 252,58 %.

In der Summe für 1904 und 1905 sind insbesondere inbegriffen jährlich:

747 121 M.	für Meliorationswesen u. dgl. (Flurbereinigung: 456 705 M., Kulturtechnischer Dienst 76 000 M.),
1 962 460 „	für Versicherungswesen (Hagelversicherung 1 700 000 M., Viehversicherung 125 000 M., Pferdeversicherung 60 000 M.),
222 310 „	für Kreditwesen,
485 000 „	„ Viehzucht,
270 000 „	„ Viehseuchen,

1 219 000 M. für Pferdezucht und Gestütswesen,
740 295 „ „ Unterrichtswesen,
1 685 320 „ „ Grundentlastung [1]), und
729 700 „ „ sonstige Maßnahmen.

Ferner ist die Landwirtschaft auch wesentlich interessiert an dem erheblichen Aufwande des Staates für Tierärzte, Flußkorrektionen, Wildbachverbauungen, Uferschutzbauten u. dgl., ohne daß eine ziffermäßige Ausscheidung möglich wäre.

Vorschüsse, zum Teil unverzinslich, zum Teil niedrig verzinslich, wurden an die bayerische Landwirtschaftsbank und an die bayerische Zentraldarlehenskasse im Gesamtbetrage von 9 100 000 M. gewährt (vgl. S. 83 u. 88).

Schließlich ist noch die in den Jahren 1898, 1900, 1902 und 1904 erfolgte Verstärkung des Zentralnebenfonds für Industrie und Kultur um 2 400 000 M. zu erwähnen, welcher Fond zum großen Teile zu Zu- und Vorschüssen für landwirtschaftliche Kultur- und Genossenschaftsunternehmen verwendet wird.

Bei den übrigen öffentlichen Körperschaften betrug der Aufwand für landwirtschaftliche Zwecke:

im Jahre	1890:	1904:	d. i. mehr um:
Kreisgemeinden .	805 200 M.	1 549 400 M.	92,42 %
Distriktsgemeinden	318 600 „	582 700 „	82,89 %
Landw. Bezirks- u. Kreisvereine .	237 200 „	650 300 „	174,16 %.

[1]) Ohne die Zuwendungen zum sog. Bodenzinsamortisationsfond und zu den freiwilligen Ablösungen der Bodenzinse mit 21 $^1/_2$ Millionen Mark in den Jahren 1898 bis 1904 einschließlich.

www.ingramcontent.com/pod-product-compliance
Lightning Source LLC
LaVergne TN
LVHW042246300926
849161LV00003B/490
9783486732641